時々の意見 日本近現代史 民主主義

武田博雅

創風社出版

時々の意見・日本近現代史・民主主義

目次

I 時々の意見 5

I

時々の意見

自転車を安全な乗り物に

ミニ・サイクルの自転車に、幼児用の補助椅子を付け、三歳の娘を乗せていたら、足首を車輪にはさまれ五針も縫う大怪我をさせた。事故を起した自転車を見たり、大きな傷痕を見るたびに、怪我をした時の娘の泣き顔が思い出されて胸が痛む。補助椅子を普通車から、ミニ・サイクルに付け替える際に、ミニ・サイクルには保護のカバーが無いことに気付かなかった私のミスが原因である。

病院で、「こういう事故は多いんですよ。」と言われたので、試みに私が教えている中学一年生を調べてみると一二七名中四九名（約三九％）が車輪にはさまれて同じような怪我をしていた。怪我をした生徒のうち七名は、十針を最高として縫合手術を受けていた。事故の多さと、傷の大きさに驚いた。

事故の後、よく見ていると、補助椅子を付けた自転車に、保護のカバーが無いものを多く見かける。自転車メーカーは、補助椅子を付ける可能性のある自転車には、必ず保護のカバーを付けるようにしてもらいたい。監督官庁には、安全確保の指導監督を願いたい。包帯のある間は、恐がっていた娘も、また自転車に乗せてくれと、せがみ始めた。子供は自転車が好きである。楽しい思い出をつくるため、自転車を安全な乗り物にしてもらいたい。

（一九八五・八・四　朝日）

ローカル線に禁煙車拡大を

たばこの間接喫煙が「がん」などの病気に関係していることは、今では常識となっている。間接喫煙が問題となるのは主に職場、公共施設、運輸機関であろう。四国の国鉄は、通勤通学列車の一部を、区間を限って禁煙にしているが、残りの大部分は野放しである。大都市圏の全面的禁煙が信じられないほどである。

私は高校生に喫煙の影響について教えているが、授業前の調査では九割近くが「普通列車にも禁煙車両をつくるべきである」と答えている。喫煙の影響や各国の対策などをプリント授業した後では全員が「禁煙車両をつくるべきであり、その割合を五〇％にすべきである」と回答している。

将来、国民の多くが間接喫煙の害や各国の対策を知るようになれば、現在の国鉄の施策は厳しい批判を受けるようになるであろう。
公共輸送機関は、乗客を安全かつ健康的に輸送する使命があるはずである。当局はたばこの煙に苦しんでいるローカル線利用者の声なき声に耳を傾けてもらいたい。

（一九八五　朝日・愛媛版）

禁煙車五〇%に　国鉄にお願い

駅との懇談会で、四国総局は次のダイヤ改正の際に、朝夕各二時間の通勤時間帯は禁煙協力列車にする計画とうかがった。禁煙協力列車は、たばこの間接喫煙の害が明らかになって実施されているものであるが、通勤時間帯の禁煙協力では、間接喫煙の害をなくすには不十分である。以下に、その理由をあげる。

① 時間帯前に吸うのでたばこの有害物質が車内に残留し、禁煙の効果がなくなる。
② 現在実施されている一時間程度の禁煙協力でも守らない人がいるのに、二時間ともなれば、ますます守られなくなる。
③ 間接喫煙の害をうけるのは、通勤、通学者だけではなく、特に妊婦、胎児、乳幼児、未成

年者に害が大きい。

以上のようなことから、間接喫煙の害をなくすのに、時間帯の禁煙協力では全く不十分であることが理解いただけると思う。

欧米各国のように、禁煙車と喫煙車に分けるのが合理的な解決法である。イギリスなみに禁煙車を七五％にするのは無理としても、五〇％は禁煙車にしてもらいたい。実施に経費はかからないし、喫煙者、非喫煙者の圧倒的支持を得るはずである。

四国総局のご回答をいただければと思う。


（一九八六・六・二六　朝日・愛媛版）

□ 四国総局の回答　禁煙車ふやしたい

現在、四国総局では特急、急行に禁煙車が一両ずつ連結されています。普通列車では、朝夕の通勤通学時間帯に二時間ずつ全車両を禁煙車にしており、総局内の禁煙車の比率は約二割になっています。

また、県庁所在地の各駅では、朝夕二時間ずつ禁煙タイムを設けていますが、大きなトラブルはなく、利用者の方に定着したようです。今後の計画では、禁煙車を増やすとともに、ローカル線や特急、急行の指定席などにも禁煙車を設けることを検討しています。

〔国鉄四国総局運輸部〕

（一九八六・六・二六　朝日・愛媛版）

禁煙車の実情国鉄は認識を

「禁煙車を五〇％に」という要望に対して、六月二十六日の当欄で、四国総局は「禁煙車の割合は約二割になっている」と回答していますが、欧米各国と四国の実情を比較してみることにします。

欧米の禁煙車が五〇％ある国では、乗客は禁煙車に乗ろうと思えば、禁煙車が満員で入れない場合を除いて、必ず禁煙車に乗れる。つまり、一〇〇％禁煙車を利用できるわけである。

四国の場合、私は朝六時半三島発の普通列車で丸亀に行き、帰りは七時過ぎに着く列車を利用しているが、一両の禁煙車もない。これは下りも同じで、西条へ通勤するとしても禁煙車は一両もない。つまり、この時間帯（朝七時から夕方七時まで）、県都近郊の一部通勤客以外は、禁煙車を利用することは全く出来ない。これが四国の実情である。

簡単に言えば、利用出来る禁煙車は、欧米は一〇〇％で、四国は〇％であるということである。四国総局は、この差をしっかりと認識してもらいたい。

（一九八六・七・三一　朝日・愛媛版）

禁煙車の増設周知徹底して

ＪＲ四国では四月のダイヤ改正で、普通車にも禁煙車両を設置した。たばこの間接喫煙の害から、乗客の健康を守るための一歩進んだ措置といえよう。しかしながら、禁煙車が出来たことを知らない人が多く、禁煙車内での喫煙を毎日見かける。

ＪＲは新しい方針を出したのであるから、乗客への周知に努力してもらいたい。ＪＲでは禁煙車の周知を車内広告と駅の掲示・ビラで行っているが、これだけでは不十分である。禁煙車について、車内放送や駅の構内放送が全くと言ってよい程なされていない。特に車内放送は、有効な手段であるのに、始発の駅でもほとんどない。

表示マークについても、禁煙車は禁煙タイム以上の規制であるから、禁煙タイムマーク以上の大きさか、色を変えるなどして分かりやすくしてもらいたい。公共輸送機関は、「乗客を安全で健康に運ぶ」という使命をもっているはずである。禁煙策についても、社員教育の徹底を望みたい。

（一九八八・五・一二　朝日・愛媛版）

疑問いっぱい国鉄民営分割

政府は、国鉄赤字のよってきたるところを言わず、分割・民営化によって黒字に転換し、国民が利益を得ると宣伝している。国民の多くが行財政改革の必要を認め、またそれをマスコミが増幅して支持したから、行財政改革は、ほとんど「善」に近いものと意識されるようになった。そのため国民の多くが、国鉄の分割・民営化をよく分からないままに支持しているのが現状ではないだろうか。

ところで、中曽根内閣の行財政改革は、福祉の削減と防衛費の突出に帰結している。政府が行革の仕上げとしている国鉄の分割・民営化も同じ結果をもたらすに違いない。

四国では、分割・民営化を見通して九月に運賃の値上げが実施され、一一月のダイヤ改正で昼間の急行がすべて廃止されて特急になる。それでも黒字転換は見通せないといわれる。利潤を目的とすれば、公共性が無視されるのは必然で、赤字線の廃止に拍車がかかる。赤字線が廃止されれば、おそらく第三セクターで運営されるようになるであろうが、結局は住民の負担になってしまう。

首相のブレーンである国鉄再建監理委員会委員の加藤寛氏は、「現在利益を得ているものが改革に反対する」と語っているが、逆に言えば、改革で利益を得るものが賛成しているのである。政府・財界が推進する分割・民営化は、国民の負担増と民主主義を担う労働組合の弱体化を目的としたものとしか考えられない。

（一九八六・九・二五　朝日・愛媛版）

ECのように国鉄を生かせ

地方に住んでいると、政府の国鉄改革が何をもたらすか、よく分かるような気がする。四国では、分割・民営化を見通して九月に運賃が値上げされ、一一月のダイヤ改正で昼間の急行が少なくなり（一部路線では廃止）特急になる。その上、四国総局は国鉄バス五路線（うち十四区間）の廃止を予定している。

政府は、分割・民営後の初年度から黒字になるというのならなぜ、住民の生命線ともいうべきバス路線を廃止せねばならないのだろうか。中曽根行政改革は福祉の削減と防衛費の突出に帰結しているが、国鉄改革は赤字線の廃止によって住民福祉を文字通り切り捨てようとしている。

欧州共同体（ＥＣ）加盟国では、国鉄が国民の福祉の面からどうしても運行する部門の赤字は、国が補償する規則になっているという。国鉄改革は、「国民の福祉を重視するのか否か」という政治哲学の問題であると言えるであろう。

「悪い医者は患者を殺し、悪い政治は国民を殺す」という。相次ぐ国労組合員の自殺は、改革を強行する政府や国鉄当局と、国鉄問題を真剣に考えようとしない国民への抗議と、私は思う。ＥＣ諸国のように、国鉄を生かしてゆくのが理にかなった道だと考える。

（一九八六・一〇・一〇　朝日）

認識持つ必要「農薬は毒物」

農薬を毒性で分けると、「特定毒物」「毒物」「劇物」「普通物」となります。現在使用されている農薬の大部分は、人畜に対して有毒です。欧米では、農薬をはっきり「毒物」と呼ぶそうです。

農薬は毒薬ですから、虫や細菌を殺し、草を枯らし、人間を死に至らしめます。散布時の急性中毒で、全国では毎年少なくとも五〇人ほどの農民が死亡しているそうです。農水省の指導書には、重装備で風上から散布するよう書かれていますが、このことからでも農薬の散布、吸引がいかに危険か分かります。

「残留許容量」が定められていることから分かるように、農作物には農薬が残留します。現在大量に使われている農薬は浸透剤で、植物全体に浸みわたり残留するのです。有機水銀が米に含まれることは、農水省で確認されています。残留農薬の調査で、安全基準を六倍も上回るＢＨＣが母乳やリンゴに含まれていたこともあります。

「農薬は国がテストをして許認可しているから安全だ」と言えるでしょうか。医薬品の例で考えてみます。米国ではキノホルムはアミーバ赤痢に用途が限定され、サリドマイドは発売が禁止されました。日本では前者は整腸剤、後者は催眠剤として許可販売され、多くのスモン患者が出、サリドマイド児が生まれました。

農薬のパラチオン、ＢＨＣ、ＤＤＴ、デイルドリン、２４Ｄ（ダイオキシン→ベトナムの二重胎体児）などが大量使用された後に、慢性毒性、特殊毒性、発がん性、催奇形性のため使用禁止になりました。慢性毒性は、十数年から数十年後に出るのです。

日本は、農薬を単位面積あたり欧米の五倍以上、発展途上国の五十倍ほど使用しています。

まさに農薬づけの国です。散布された農薬は、生物濃縮、食物連鎖を経て人間にかえってきます。一九七〇年に使用禁止されたＤＤＴが今も母乳に残っており、しかもその量は許容量を超えています。「農薬は毒物である」という基本的認識を持たないならば、私たちの健康・将来は危ういものになると思います。

（一九八六・一〇・三〇　朝日・愛媛版）

安全な米作へ大胆な転換を

先日の本紙に、「カドミウム汚染広がる」と「無農薬米を初出荷」という米に関する二つの記事があった。完全無農薬米が正規の流通ルートで出荷されたことは、画期的なことではなかろうか。

日本は公害大国と呼ばれるほど環境汚染の進んだ国である。カドミウム、銅、ヒ素、水銀、ダイオキシンなどで土壌は汚染されている。農薬は単位面積あたり欧米の五倍以上、発展途上国の五〇倍ほど使用している。消費者は安全性に不安を抱きながら食品を口にしているのが現状である。消費者は、安くて味がよく、安全な食品を求めている。価格が国産米の五分の一以下で、味もよく安全ということであれば、外国産米を求める声が高まるのは当然であろう。

米が自由化されれば、日本の農業はつぶれ、耕地から緑は失われるであろう。しかし、緑が残っても、毒を含んだ緑であれば何の意味があろう。私は食糧自給率は高めるべきだと考えるから米の自由化には反対である。だが、農薬づけの米はお断りしたい。食品は安全であることが第一である。農産物輸入の全面自由化の声もあがる今日、農業関係者は安全な農産物の生産供給に向けて、大胆に方向転換してもらいたい。

高知県・窪川町の完全無農薬米の生産・出荷は、日本の農業の進むべき道を照らすものと言えるであろう。

（一九八六・一一・一七　朝日）

石鎚登山事故責任は大人に

C中学の石鎚登山事故は不幸な事件ではあったが、被害者の生徒のけがの治療、精神的な支えは学校関係者によって十分保障されていると思っていた。ところが新聞によると、いやがらせが絶えないため裁判所に訴えたとある。両親らは「事故がなぜ起きたかを明らかにするため」

と言っているが、事故原因が関係者によって明らかにされておれば、裁判になることはなかったであろう。

事故のあと、今治市教委は「計画書が提出されてチェックしたが、日程、引率教諭の人数の点など問題はなかった」と発表しているが、果たして問題はなかったのであろうか。私の学校でも中学二年生一二三名が七月下旬、高松市の県営五色台山の家で合宿訓練を行った。国の認定コースでオリエンテーリングをしたが、四〇〇m余りの山で引率教員八名、補助の大学生二名がついた。C中は中一の生徒百二十二名に六名の引率教員であるが、石鎚山は一九八二m、西日本最高峰である。西条署や県の山岳関係者の言によると、五月中旬という時期は霧や強風の発生しやすい時期で、岩場は雪が解けたばかりのもろい土で非常にすべりやすい、とのことである。「条件的には冬山登山よりも厳しい面があり、とても中学生には無理。起こるべくして起こった事故」との指摘もある。

登山計画を学校が立てる際にまた市教委が審査する際に、山岳関係者なり関係警察署に問い合わせたらおそらく、この時期の登山は中止するよう勧告されたであろう。県下の高校の合宿訓練でも石鎚登山というのは、聞いたことがない。このような危険な登山が何年も行われていたということは信じられない。

この事故は学校と市教委に管理責任があるとするのが、常識的な判断ではないだろうか。私の考えは、新聞記事を読んでの考えであるから間違っているかもしれない。ただ、松本教諭の転落死の責任をA君に転嫁するようなことは決してあってはならない。A君は被害者で、責任は大人にあることだけは、はっきりしている。

（一九八七・一・八　朝日・愛媛版）

石鎚登山は危険な訓練

◇六月初め、集団訓練の石鎚登山で、伊予郡B小の児童が転落負傷したと聞いて、私は自分の耳を疑った。一九八六年に今治市の中学生が転落し、助けようとした先生が転落死した事件が裁判にまでなったことから、石鎚登山のような危険な訓練はなくなったものと考えていたからである。

◇今治の中学生の事故は五月中旬、中一生徒一二二人に引率教員六人で起きている。B小の場合は六月二日、新聞報道では五年生一九八人に引率教員十人で起きている。今治の中学の事故後、山岳関係者が「起こるべくして起こった事故」と指摘されていたが、今回の事故にも大きな問題がひそんでいると思う。

◇私は石鎚で、天気が急変し雨と霧で足元さえ見えなくなった経験をもっている。小・中学生が、雨や霧のために道や教員の姿を見失えば、パニックに陥り大事故を引き起こすと考えられる。今治の生徒は二七〇m、先生は三五〇m転落した。今回の児童も五〇m転落している。

◇集団訓練はどこでも出来る。学校は生徒の命・安全を第一に考えるべきだ。指導監督の責任がある県教委は、石鎚登山の安全性、その是非を、山岳関係者・警察・学校などと早急に検討してもらいたい。転落事故が今後、絶対に起きることのないよう、抜本的な対策を望む。

（一九九五・六・三〇　愛媛）

内部告発者の弾圧を許すな

先日の「新聞投書したら配転」の本紙記事を読んで、日本の民主主義について考えさせられた。国鉄当局のこのような処分が許されるならば、日本は全体主義国家に大きく近づくことになろう。

憲法は第二一条で「集会・結社及び言論・出版その他一切の表現の自由」と、第二八条で「勤労者の団体行動をする権利」を保障している。今回の当局の処分が憲法違反であることは明白である。

内部告発者が弾圧されるケースは数知れない。しかし、その弾圧を職場、地域社会、あるいは国民全体ではねのけねばならない。弾圧を恐れてだれもが物を言わなくなったら、社会はどういうことになるのか考えてみよう。その一例として、内部告発が無かったために、どれだけ多くの人が産業公害、食品公害、薬品公害などの被害をうけたか、私たちは知っている。

思想・表現の自由は、民主政治の根本条件である。今回の国鉄当局の処分や政府の国家秘密法（スパイ防止法）制定は、民主主義をふみにじろうとするものである。私たちは民主主義を守るために、意思表示をしなければならないと思う。


（一九八七・一・二四　朝日）

健康教育を歪《ゆが》める文部省教科書検定

今日、私達は産業廃棄物・農薬などの化学物質による環境汚染で、生命・健康がおびやかされている。河合雅雄・京大教授は、「十余年の間に人類遺伝病が約六倍になった。その原因として環境汚染による突然変異が大きな発生源になっていることは間違いない。」と報告している。ダイオキシンを含有する除草剤の散布が、ベトナムの二重体児ベトちゃん・ドクちゃんの悲劇を生んだ。日本でも先天異常・無脳症による後期死産の増加や、先天異常や異常分娩《ぶんべん》による障害者の増加が報告されている。その他、水俣病・イタイイタイ病・カネミ油症事件・サリドマイド事件・スモン病など化学物質による被害は数えきれない。

国民の生命と健康を守るためには、現在二万種以上ある化学物質の安全性の確認と、化学物質の安全性についての教育が不可欠である。ところが新聞によると、文部省は高校の教科書検定で、「合成洗剤・食品の有害に関するくだりにも厚生省など行政側の見解を反映するよう指示し、書き換えを求めている。」と報じている。

学校教育法は教育目標の一つに、「健康・安全で幸福な生活のために必要な習慣を養い、心身の調和的発達を図ること」を掲げている。健康で安全な生活を営むには危険なものを識別出来る知識をもたなくてはならない。今の学校教育で、危険なものを識別するのに必要な知識が与えられているのか疑問を抱いた私は、健康教育に関係のある、中学校保健体育・社会科公民・技術家庭、高校保健体育・現代社会・家庭一般の各教科、最低二社以上、合計二五種類の教科書について、農薬・薬害（医薬）・食品添加物・洗剤・消費者保護・公害の項目に分けて調べてみた。

中学校の教科書（一一種）は、農薬と合成洗剤の安全性には全く触れず、薬害と食品添加物についてでは数種の教科書でごく簡単に触れているだけである。高校の教科書（一四種）では、保健体育が化学物質の安全性を問題にしているが、現代社会では全く触れないか、あるいは簡単な記述ですませている。家庭一般は農薬と食品添加物についてはどの教科書も問題にしているが、薬害については全く触れず、合成洗剤の安全性についても半数は触れていない。総じて言えば、化学物質の安全性についての記述は不十分で、これでは健康で安全な生活を営む基礎知識は得られない。

このような教科書の記述が文部省の教科書検定に基因することは、教科書著作者の証言からも明らかである。ところで文部省の言う、「国の見解を超えてはならない」ということは、どういうことを意味するのであろうか。厚生行政について言えば、医薬品はイギリス・アメリカでは二五〇〇種類ほどしか使われてないのに、日本では約一一万種類も使用許可している。「サリドマイド」もアメリカでは販売が禁止されたのに、厚生省は許可した。その上、レンツ博士がサリドマイドとあざらし症の関係を警告した後、各国が直ちに回収を実施したのに対し、「まだ科学的にはっきり決まったわけではない。今、禁止することは国民に不安をかき立てる」と言って回収を怠り、被害を拡大させた。最近のフロンガス問題でも、国の対応は不適切である。

このような例からも、厚生行政が国民の健康・生命を守る姿勢をとっているとは言いがたい。厚生省の見解を、文部省が教科書検定で教科書出版社に押しつけることは、健康教育をゆがめることになる。国の、「民は依《よ》らしむべし、知らしむべからず」式の愚民化政策を、許してはならない。健康教育と教科書検定問題を考えなくてはならない。

（一九八七・三・二八）

喫煙規制は教育界から

列車内でたばこを吸っている高校生にしばしば出会う。新入生も多く、中学時代から吸っていたことが分かる。私は注意をしたり、たばこの害をまとめたプリントを渡したりしているが、効果はしれている。外国では政府が喫煙規制や禁煙教育を強力にすすめているのに、わが国では対策が遅れている。

たばこから健康を守るためには、小学校からたばこの害を教える必要がある。また、「健康」や「思いやり、やさしさ」をはぐくまねばならぬ学校では、教員は率先垂範で禁煙を目ざしてほしい。たばこを吸いながら健康や思いやりを説く矛盾を、生徒は見抜くものである。

少なくとも教員は、生徒に間接喫煙の害を与えてはならない。具体的に言えば、生徒と接する時（生徒指導、クラブ指導など）や、生徒が使用する場所（職員室、図書館など）ではたばこを吸わないことである。ちなみにフランスでは、生徒が学校にいる間は一切禁煙ということに定められている。子供の健康な成長を願う人は、喫煙の危険性についての啓蒙《けいもう》書を一度読んでほしいものである。

（一九八七・七・一　朝日・愛媛版）

農薬禍根絶へ製品の回収を

県下の中学校でパラコート系農薬給食混入事件が起きた時、本紙社説は「こんな事件を二度と起こすな」と、農薬の販売・保管を厳しくするよう訴えていた。また、事件後、関係官庁も同様の通達を出している。ところが三カ月もたたないうちに、パラコート混入事件が起きてしまった。農薬は商品として大量に製造・販売され使用されるから販売・管理には限界がある。また、パラコートは度重なる死亡事故で昨年発売禁止になったが、製品は回収されず、濃度を薄くしただけの危険なパラコート剤が現在も売られている。このような現状から今回の事件は起きたのであり、今後も起こりうると考えるのが常識であろう。

治療薬もなく、多数の死亡事故を起こしたパラコートのような農薬は、明らかに欠陥商品であるから、一刻も早く製造・販売を中止し、回収してもらいたい。これは、メーカーや監督官庁の責任であろう。

農薬禍を無くすために、「メーカーは一定数の中毒事故や死亡事故を起こした場合、製造・販売を中止し、製品を回収する」という原則を提唱したい。この原則の下では、一つの農薬で数多《あまた》の尊い生命が奪われるというようなことは、起こりえない。また、安全な形の毒性の低い農薬に切りかわるであろう。


（一九八七・八・二七　朝日）

集会の自由を暴力から守れ

日教組の定期大会が、会場探しが難航して、延期されることになったという。その原因は、日教組に批判的な右翼団体が会場周辺に殺到することが予想され、各地で開催受け入れに難色を示しているためだという。

右翼団体の妨害で会場が確保出来ないということは、憲法で保障された思想の自由や集会の自由が実質的に奪われるということを意味している。暴力で基本的人権を侵していった典型的な例は、ナチスやファシストであるが、今日の日本でも同じようなことが行われていることに注目しなければならない。

右翼団体の妨害に対する警察の取り締まりが不十分であると、以前から批判があった。だが、今回のような事態を招いた根本的な責任は政府にあると言うべきである。民主主義を暴力から守るには、私たち国民一人ひとりが言葉や行動で意思表示をしなくてはならないと思う。


（一九八七・一二・一一　朝日）

イスラエルは占領地から撤退せよ

イスラエル占領下のパレスチナ人が大規模な抗議行動を起こしてから二か月になる。この間、国連安全保障理事会で「イスラエル軍が占領地で続けている発砲などの行為を憂慮する」との決議が出されたり、アラブ諸国・東側諸国に加え欧州共同体諸国もイスラエルを非難する声明を出している。わが国は、ソ連のアフガニスタン侵攻の際にはモスクワオリンピックをボイコットするなどの抗議をしたが、イスラエルに対しては静観している。

パレスチナはもともとアラブ系のパレスチナ人の住む地であった。一九四七年の国連パレスチナ分割決議でパレスチナの土地の六％しか所有していなかったユダヤ人が五六％の土地を得ることになり、以後四次の中東戦争を経てイスラエルは全パレスチナを占領支配するようになった。占領下のパレスチナ人は、逮捕・暴行・家の破壊・財産没収などの弾圧を受け、また「ナチスの法より悪質」といわれるような法律によって居住地から追放されている。このようなイスラエルの占領と占領政策に対して、パレスチナ人は抗議行動を起こしているのである。

私達は、国連パレスチナ難民救済事業機関に登録されているだけでも二〇九万人というパレスチナ難民が存在することや、占領下のパレスチナ人が弾圧されていることを認識する必要がある。イスラエルは国際世論に従って、占領地から一刻も早く撤退すべきである。

（一九八八・二・一）

イスラエルは平和的解決を

イスラエル占領下のパレスチナ人が、大規模な解放闘争を起こしてから一年たった。先月一五日にはパレスチナ国家の独立が宣言された。アラファトＰＬＯ議長の入国を拒否したアメリカは、国際社会で孤立し、ジュネーブで開かれた国連総会における同議長の平和共存三提案をうけて、ついにＰＬＯとの初の公式会談に応じた。このような和平解決への動きは、永年にわたるパレスチナ人の闘いと、それを支持する国際世論の後押しによってもたらされたものと言えるであろう。

パレスチナ国家の独立が宣言されたといっても、その領域はイスラエルの領土ないしは占領下にある。また国連パレスチナ難民救済機関に登録されているパレスチナ難民は、二〇九万人以上にのぼる。イスラエルは占領地区のレジスタンスをテロと呼んで弾圧し、レバノン侵攻を今年だけでも二十六回も繰り返している。パレスチナ人は殺され、弾圧されているのである。

イスラエル政府はパレスチナ国家の成立とPLOとの対話を拒否しているが、国際世論はパレスチナ紛争の平和的解決を強く要求している。イスラエルはパレスチナ人への弾圧と殺戮《さつりく》を即刻やめるべきである。

（一九八八・一二・二四）

子供達の幸福のために歴史から学ぶ

子供達の無邪気な笑顔を見ていると、幸せな一生であれと思う。私は第二次世界大戦の末期、一九四四年に生れ育ったが、「戦争」は常に私に影を落としていた。戦争にまつわることで忘れられないことがいくらもある。

小学二年の時、学校で原爆の写真を見たこと（広島二十数万人、長崎十三万人の死者）、四年生の時、散髪屋で中国へ出征した人が声を落として話していた虐殺のこと（中国人の死者一千万人）、中学生の時、両親に「何故戦争に反対しなかったのか。」と詰め寄ったら、「何も知らなかったから。」と母が答えたこと（一九三九年のノモンハン事件の戦死者数一万八千人余のことを日本政府は一九六六年まで秘密にしていた。）高校時代、村の有線放送が南方で元日本兵が発見されたと知らせると、その島と長男が戦死したフィリピンの位置関係を聞きにきたお婆さんのこと（横井・小野田・元台湾人兵士中村さんの発見）など。

中学時代のある夏、戦争もののドラマを見終った後、息子さんを戦争で亡くしたお婆さんが、ひっそりと肩を落としてタオルで顔をおおっているのを見た時、私は戦争を引き起こした人達に激しい憤りを覚えた。その憤りは年とともに、真実を知るにつれて大きなものになっている。

例えば特攻隊についても、「神風」のような航空機の体当りのほか、人間乗りロケット爆弾「桜花」、敵艦に突入自爆する高速艇「震洋」、人間魚雷である「回天」など、その非人間的発想を知れば誰でも怒りを覚えるであろう。

沖縄戦では、男子中学生を第一線部隊に組み込み（八九〇名戦死）女子生徒は従軍看護婦として動員した（一一〇五名戦死）。伊江島では全住民が守備隊員に組み込まれ、婦人・少年も戦死した（戦死者一五〇〇名）。また、日本軍による住民殺害も紛れのない事実である。アニメ映画にもなった「対馬丸遭難事件」では学童疎開者七八九名以上が死んだ。沖縄住民約四五万人のうち、死者は十五万六千人余を数えている。このような事実を知れば、沖縄県民が「日の丸」掲揚に反対する心情も理解できるであろう。

アジア（日本を除く）の死者が一八〇〇万人以上、その他、朝鮮人・中国人の強制連行（七六万人以上―その死者六万七千人以上）や朝鮮・台湾に徴兵令をしき動員したこと（朝鮮人は二〇万九千人・台湾人は二一万人）や朝鮮人女性を多数慰安婦として前線にかり出したことも忘れてはならないことである。

敗戦時の日本軍兵員数七一九万人（私が教えている中学三年生一一九名中一〇一名の者の祖父が出征）、日本人の死者三一〇万人以上など、戦争は私達に大きく関わっている。

戦争や専制政治や差別によって、子供達の生命や幸福が圧殺されることのないよう、私達大人は民主主義や平和を守らねばならないと思う。「歴史を振り返らないものは、未来をつかめない。」というフィリピンのことわざがある。

（一九八八・三　中之庄小学校ＰＴＡ誌「菜の花」）

未成年者の喫煙自販機や宣伝一因

丸亀―伊予三島間を列車通勤しているが、青少年、特に高校生の喫煙を目にしない日がない。禁煙タイムであろうと、完全禁煙の電車であろうと、平気で吸っている。女子の喫煙者もよく見かける。私は注意はしているが、効果はほとんどない。

大人の目の届かない所では、もっと多くの青少年がひんぱんにたばこを吸っていると推察される。未成年喫煙者の増加は、自動販売機、たばこ会社の宣伝が一因だが、学校での禁煙教育が不十分なことも大きな原因になっている。

一〇月に、厚生省はたばこの害を、国として初めて警告し、各自治体に住民への指導を求めた。未成年者の喫煙は成人の喫煙に比べて、はるかに害が大きい。教育関係者は早急に実効のある禁煙教育をしてもらいたい。

（一九八八・五・一五　朝日・香川版）

豪雨災害から命を守る体制を

七月下旬、中国地方を襲った集中豪雨で多くの人命が失われた。これを天災とすることは許されない。アメリカでは集中豪雨より、もっとゲリラ的な気象現象であるトルネードの予報体制を、一九五〇年代に整備し、また常時天気放送局網を確立して国民の生命を守っている。気象庁は今年初めて大掛かりな「梅雨前線特別観測」を実施したが、国は国民の生命を守るために、予算を投じて予報体制と防災体制の確立に力を入れるべきである。

各自治体は豪雨対策に再検討を加え、何としても人命だけは守ってもらいたい。かこう岩は砂糖菓子のようなもので、一定の水を含めば崩れてしまう。過去に例のあるところはもちろん、日本中どこでも豪雨災害が起こる可能性がある。一定量の雨が降ったら、安全な場所に避難する体制を整えることが大切ではないだろうか。それには集落ごとのきめ細かな対策を立てる必要がある。

豪雨は、いつ襲ってくるか分からない。万全の対策で、痛ましい事故を断ってほしい。

（一九八八・八・一一　朝日）

世論の尊重が民主政治の原則

民主政治は世論政治だと言われる。代議制の下で民意が無視されるならば、民主政治ではなくなってしまう。民意は選挙によっても測られるが、個々の具体的な政策については賛否が測りがたい。その点、世論調査の結果は、個々の政策に対する国民の意思をはっきり示すものである。

今年一月実施の総理府世論調査で「防衛費増に七七％が否定的意見を示した」こと、また九月の本社世論調査で「消費税に反対が六五％に増えた」ことの事実を、各政党は認識せねばならない。国民は、防衛費の増大や消費税の導入を望んではいないということである。

また、自民党は検定済教科書の検定やり直しを迫るなど、憲法で保障された基本的人権を無視する行動をとっているが、自民党に投票した人でもこのようなことを望む人は多くはないであろう。議員は時時の世論（民意）を尊重して行動しなくてはならない。国民は当選した議員に、政治に関して白紙委任状を渡しているのではないのである。

（一九八八・一〇・二〇　朝日）

地労委命令にＪＲ従うべき

国鉄の分割・民営化の際、国労組合員が採用拒否などの不当労働行為を受けた、と申し立てた事件で、国労の主張を認める救済命令が各地の地労委で相ついで出されている。

これに対し、ＪＲ各社は中労委へ再審査を申し立て、行政訴訟も辞さぬ構えだという。地労委は「国鉄とＪＲは一体性をもつ。採用や配転で組合間差別をした」と判断しているが、この常識的な判断は、中労委や裁判所でもくつがえることはないであろう。

国鉄改革で、ＪＲ北海道、九州では、分割・民営化に賛成する鉄道労連の組合員は九九％以上が採用されたのに対し、これに反対した国労組合員らの採用は四〇％台にとどまっている。また、国労の組合員数は、元は十二万人を数えたのに、現在は四万人足らずに激減している。これらの事実から国労組合員に対する差別と組合脱退強要のすさまじさがわかる。

ＪＲ各社は地労委命令に従って紛争を解決し、今後は憲法や労組法を尊重して民主的経営に徹するべきである。

（一九八九・二・二〇　毎日）

早急に踏切事故の根絶図れ

◇三月に私が乗り合わせた列車が、今治市の無人駅近くの踏切で、母子で列車を見に来ていた二歳の幼児をはね、幼児は即死した。六月には市内の踏切で、五一歳の男性の運転する乗用車が列車に衝突、運転者は即死した。この二つの事故に共通することは、ダイヤに遅れて走っていた特急列車が遮断機も警報機もない踏切で衝突事故を起こしていることである。

◇ダイヤが密になり、列車のスピードが上がっている現在、踏切の危険性は以前と比べものにならない。このような状況で、踏切に遮断機も警報機も設置出来ていないということは、国や地方自治体、ＪＲの怠慢、不作為の犯罪行為と言わざるを得ない。

◇警報機のみの踏切も多いが、耳の不自由な人のため、また警報に気付きながらも渡ろうとするのが人間の心理であるから、踏切には警報機と遮断機を必ず設置すべきである。踏切事故は、警報機と遮断機を設置すれば確実に防げる。行政やＪＲは貴い人命を守るために、早急に危険な踏切の改善を願いたい。

（一九八九・八・一七　愛媛）

武力行使拒否米国に伝えよ

アメリカは、対イラク戦争に備えて米軍をさらに増派し、軍事解決を辞さない構えだという。ブッシュ大統領は、イラク軍に対する攻撃的軍事行動を国連決議がなくてもとる考えで、同盟国の支持を求めている。

イラクのクウェート侵攻は、フセイン大統領の独断によるものであり、軍も命令に従っただけであろう。これに対する多国籍軍も、各国政府の命令で動員、派遣されたものである。和戦の決定は、フセイン大統領とブッシュ大統領の決断にかかっているが、フセイン大統領が平和的解決を言明している今、ブッシュ大統領の判断にあまたの生命がゆだねられている。

日本国民が、自衛隊の海外派遣を骨子とする「国連平和協力法案」を廃案にしたことは、国際紛争を武力で解決してはならないという意思表明である。

アジア・太平洋戦争を引き起こし、朝鮮戦争やベトナム戦争でアメリカを支持した日本は、その反省の上に紛争の武力解決を拒否したのである。日本政府は、このことをアメリカにはっきりと伝えるべきである。

アメリカもこのことの意味するところを、理解すべきである。

経済制裁という解決策があるときに、武力に訴えることは絶対に許されない。国際世論は、紛争の平和的解決を求めている。

（一九九〇・一一・二〇　朝日）

国連の原則は戦争ではなく平和的解決（湾岸戦争）

政府は多国籍軍に対する支援は国際的な責務だと言うが、支援を拒否することこそ正義にかなうことだと思う。平和的解決を求める国際世論を踏みにじって戦争を選んだ多国籍軍の行動は、国連憲章の規定から逸脱している。

国連憲章や日本国憲法は、不戦条約の「国際紛争解決のため戦争に訴えることを非とする・国家の政策の手段としての戦争を放棄する」という精神から生まれたものである。国連憲章第一章には、「国連は平和と安全を維持することを目的とし、国際紛争を平和的手段によって解決すること（第一条）」と、国連の原理原則が記されている。第六章には、「紛争の平和的解決の義務（第三三条）」が規定され、第七章には侵略行為に関する行動として、「非軍事的強制措置（第四一条）」が規定され、最後に「軍事的強制措置（第四二条）」が規定されているが、この行動も「加盟国の空軍・海軍又は陸軍による示威、封鎖その他の行動を含むことができる」と、あくまで戦争をさけ平和的解決を目ざしている。

今回の多国籍軍の軍事行動が、国連の原則である「紛争の平和的解決」から逸脱していることは明らかである。多国籍軍に対する資金援助や自衛隊の派遣は、戦争に加担し戦争の拡大をもたらすので人道上許されないし、国連憲章違反・憲法違反になる。今、私たちがなすべきことは、かけがえのない生命を救うために、即時停戦を交戦国に求めることである。

（一九九一・一・二九）

未知の部分多い天皇制　近・現代史を学ぼう

私は一九四四年（昭和十九年）に生まれ、戦後の学校教育を受けた。近・現代史はほとんど学ばず、憲法第二〇条（「③国及びその機関は、宗教教育その他いかなる宗教的活動もしてはならない」）の規定のためか、宗教については全く教わらなかった。天皇制に関することは何も知らないまま大学を卒業した。例えば靖国神社が昔の陸軍省・海軍省の管轄であったことなども知らなかった。

教員になり、歴史の授業を始める時に私は、「歴史の勉強は事実を正確に知り、事実をもとに考える」ことが大切だと言ってきた。ところが自分が無知のため、伊勢神宮の写真を見せて、その景観が古代から続いているように教えたりした。事実は、西垣晴次「お伊勢まいり」（岩波新書）によれば、「万治元年（一六五八年）の火災までは、現在の神楽殿や斎館のある当りまで民家があり、…万治、天保、明治と三回の撤去により、宇治橋以内の現在の神域が誕生したわけである」と書いてある。

古代天皇陵についても教科書に書かれているように教えてきたが、髙橋紘「象徴天皇」（岩波新書）には「古墳時代の天皇陵三一基のうち、現在の治定《じじょう》と被葬者が合致しているのは、天智天皇陵と天武・持統天皇の合葬陵の二基だけ」の説が紹介され、「これが考古学界の常識である」と書かれている。

石井寛治「開国と維新（大系日本の歴史・第十二巻）」（小学館）には、孝明天皇急死事件について「学界では毒殺説が定着しつつあるようである」と書かれている。私は、毒殺説があることを十数年前に読んで知っていたが、私の周囲でも知らない人の方が多い。「教育手帳」五七号（日本書籍刊、昭和六一年五月一日刊）の村田直文氏によれば、韓国では伊藤博文を銃撃した安重根が一九〇九年に獄中で記した「伊藤博文の罪悪・十五個条」の十五に「日本・明治帝の父親を殺すという大逆不道をした事」を挙げている。村田氏によれば、ソウル市南山公園の「安義士記念館」に遺墨が展示され、記念館に行けば、だれでもそれを見ることが出来るそうであるから、孝明天皇暗殺説については、韓国で知られているはずである。

中村政則「象徴天皇制への道」（岩波新書）を読むと、一九三二年から日米開戦直後までの十年間、駐日米国大使を務めたグルーも、「もし、ヒロヒトが強い態度をとって、開戦の詔書に署名しなかったならば、彼の祖先がそうであったように天皇はおそらく暗殺されたか、皇族と一緒に京都へ追放されたことでしょう」と書いている。

外国に広く知られた日本の歴史的事実を日本国民が知らないようではすまされないであろう。正しい歴史認識は事実を知ることなしには成り立たない。近年、新しい研究成果をとり入れた近・現代史に関する啓蒙《けいもう》書が出版されているから、歴史教育にかかわる人だけでなく、日本の将来を考える人はだれでも読むべきだと思う。

（一九九〇・一一・二七　朝日）

ダイオキシンの規制措置早急に

環境庁の調査で、製紙工場の排水によるダイオキシン汚染が全国各地で進んでいることが判明した。ダイオキシンは人類が作った最強の毒物といわれ、奇形やガンの原因になると指摘されている。

環境庁は、人体に影響するほどではないとしているが、日本の安全基準が世界保健機構（WHO）や北欧諸国、ドイツと比べて十倍から百倍も緩やかであること、さらにPCBやBHCなどとの複合汚染を考えると、事態は深刻である。

国は、ダイオキシンを発生させる塩素の使用削減を製紙業界の自主規制に任せず、速やかに代替の漂白剤にさせるべきである。

ダイオキシンは、ゴミ焼却場や農薬からも発生しており、汚染が全国各地で進んでいる。したがって、国は、国民の生命・健康を守るため、早急に規制措置を取ってもらいたい。

奇形児が生まれたり、健康が害されたりしてから規制するのでは遅すぎる。将来に不安を抱きながら、ダイオキシン汚染魚を食べるのではたまらない。


（一九九二・二・二一　読売）

子供は海の魚

現代の子供たちが置かれている状況を考えるとき、子供を海の魚にたとえれば、よく理解できるような気がする。魚をはぐくむ海は、外界の影響を受ける。空がくもれば、海はたちまち暗くなり、風に波立つ。魚は、そんな海に敏感に反応する。

海は、私達が育った頃と比べて、急激に汚染されている。恐ろしい奇形魚が生まれ、大量の魚介が赤潮のために一夜にして死んでいる。海の汚染は、合成洗剤などの家庭排水、農薬、工場の産業廃棄物によって進んでいる。一見、何事もないように見える瀬戸内海も、DDT・BHC・PCBなどで汚染され、魚介を通して母乳までが汚染されている。ダイオキシンは、「人類が作った最強の毒物」と言われ、国が決めた一日の摂取許容量は体重一キログラム当たり〇・一ナノグラム（一ナノグラムは十億分の一グラム）である。（これは体重五〇キログラムの人で、ダイオキシン一グラムを千㎞に伸ばした五㎜の量）。合成洗剤の問題も、紙を漂泊する過程で生じるダイオキシンの問題も、根は拝金主義にある。せっけん洗剤や、ダイオキシンを生まない薬品もあるが、多くの家庭や企業は安上がりな方を選んでいる。

日本は、アメリカの現象を十年遅れで追っていると言われる。一九七〇年、アメリカの万引きの被害は三五億ドル（約一兆七八〇〇億円）で、犯行の五〇パーセントは一六歳以下の少年少女によるものであった。当時すでに、盗み・未婚の母・暴力・麻薬は、普通の家庭の普通の子供たちの問題になっていた。現在、アメリカの小学校高学年の児童の喫煙率はおよそ二五パーセントにのぼり、麻薬についても大統領が中学生に自制を求める演説をせねばならないような状況に陥っている。信じられないようなことだが、アメリカ人の三二パーセント（七二〇〇万人）が乱用薬物（覚せい剤・シンナー・麻薬・幻覚剤）を経験し、現在も乱用している人が二三〇〇万人（一〇パーセント）いるという。

タバコ・アルコール・麻薬は、吸飲用する人を蝕む。成長期の子供に及ぼす害は、はかり知れない。タバコが胎児に影響を及ぼすことや、サリドマイドが先天性四肢奇形を発生させることは常識になっているが、アルコール胎芽病やコカイン・ベイビーのことも知っておかねばならない。

子供を魚と見れば、魚をとりまく海は、親とも、自然・社会環境とも考えられる。海の汚染で、魚は呼吸をするのにも苦しみ、病んで奇形化し、死に至ることさえまれではない。子供は社会の縮図である。貧困、失業、犯罪、環境破壊等々、社会が病めば子供も病む。子供の荒廃・非行は、大人の社会が生み出したものである。子供のために、私達自らが変わり、子供をとりまく自然・社会環境をよりよいものにしていかねばならないと思う。

（一九九二・三　中之庄小学校ＰＴＡ会誌「菜の花」）

愛媛玉ぐし料裁判　高松高裁判決批判

「愛媛玉ぐし料裁判」の高松高裁判決（一九九二・五・一二）は、裁判の前提となる公正さと厳密な判断に欠けており、裁判所に対する国民の信頼を大きくゆるがせた。

佐藤内閣以来、歴代の自民党内閣は最高裁判事に人権より公益を優先する人物を任命して、裁判官の入れ替えを行ってきた。その結果、労働関係の主要な事件で、最高裁の判例（全農林判決・名古屋中郵判決（一九七七・五・四）など）が一八〇度転換するという異常な事態が生じた。また「政教分離原則」について争われた「津地鎮祭訴訟」でも、最高裁は津市が公費を支出した神道式地鎮祭を、「その目的・効果から判断して宗教的活動に当たらない」との合憲判決を出している。今回の判決が公正さに欠けるのは、最高裁の示した「目的・効果基準」をさらにゆるやかに適用して、公費支出を合憲としている点である。憲法の規定を拡大解釈して曲げ、政教分離原則を空洞化することは許されない。

厳密な判断という点で、高裁判決は当事者が主張していない事実を認定したり、靖国神社の政治的役割を読み違えたりする誤りを犯している。靖国神社は、戦前、陸・海軍省管轄のもと伊勢神宮とならんで国家神道の中心であったばかりでなく、戦後も自民党が国営化法案を国会に提出し続けたり、厚生省が合祀事務を行なったり、A級戦犯の東條元首相らを合祀した歴史的事実があるのに、判決では公費支出を「支出額が極めて零細で社会的儀礼の程度」として合憲とするなど、合議制の高裁判決とは信じられないような判断を下している。

憲法を恣意的に解釈しようとする政府や裁判所に対して、国民が厳しい批判の声をあげなければ、人権や平和を守ることは出来ない。

（一九九二・五・一七）

（五大国）安保理常任理事国は武器輸出をやめよ

平和を実現するには、紛争の原因となるものを除かなくてはならない。紛争の原因には民族やイデオロギーの対立、貧困、領土的野心などがあるが、兵器の保有が戦争という手段を選ばせる。兵器がなければ、戦争は起こせない。憲法第九条にかかげる「戦力の不保持」こそは、戦争をなくす最も現実的な方法を示すものである。

カンボジア内戦もソマリアの内戦も、米ソを中心とする大国の武器援助が原因になっている。旧ユーゴスラビアの内戦も、セルビア人が旧連邦軍の強力な兵器を受け継いだことが引き金になっている。

武器の保有が圧政や戦争につながることは、イラクの例がよく示している。それにもかかわらず、アメリカ、ロシア、ＥＣは武器輸出に拍車をかけている。五大国はＰＫＯを言うが、兵器を輸出してＰＫＯ活動をするのは、火種をまいて消火活動をするようなものである。

一九九一年には、アジア地域が中東をぬいて武器輸入の第一位になったという。自衛隊のカンボジア派遣は、かって日本に蹂りんされたアジア諸国の武器輸入をさらに増加させるであろう。自衛隊のＰＫＯ参加は、平和を維持するどころか、戦争を惹き起こす原因になりかねない。

日本が世界平和に貢献する道は、安保理常任理事国になったり、ＰＫＯ活動に積極参加することではない。自衛隊の任務を災害出動に限り、海外派遣するとか、南北問題の解決や軍縮を推進することこそ、日本がなすべき平和貢献である。


（一九九三・二・二六）

参院の社党は国民裏切るな（小選挙区制反対）

民主政治は世論政治だといわれる。国民の細川内閣に対する高い支持率は、ロッキード、リクルート、佐川急便事件と汚職が続出した自民党の長期一党支配を拒絶する国民の意思表示である。国民の望む政治改革とは政治腐敗の防止であり、政治腐敗はイギリスのように腐敗議員に対して政治生命を奪うような厳罰を科すとか、現行の政治資金規正法を抜本的に強化すれば防止出来る。

ところが細川内閣は、政治改革と称して選挙制度の改悪を強行しようとしている。「小選挙区制、三％条項」は、少数意見を抹殺するものであり、民主主義とは相いれない。もしこの法案が参議院を通るようなことがあれば、取り返しのつかないことになる。現在、参議院で反自民勢力が多数を占めているのは、八九年の参院選で、国民が自民党のリクルート疑惑と消費税導入を批判した結果である。

特にこの選挙で大勝した参院の社会党議員は、国民は一党支配を批判し、弱者の権利を守るという同党の公約、方針を支持して投票したのだということを忘れてはならない。元野党、特に社会党がこの法案に賛成するようなことがあれば、同党を支持した国民を裏切ることになり、自民党の金権腐敗政治が引き起こした政治不信以上の、政治に対する絶望感を国民に与えるだろう。

（一九九三・一二・一一　朝日）

安全怠ったA高バス事故

五月八日のA高校野球部マイクロバス転落事故は、各方面の安全対策が十分なされていれば起こらなかったと思う。

事故の後、高野連や香川県教育委員会は、遠征にはマイクロバスを自粛して、公共交通機関を利用するよう指導しているが、以前から同様の指導をしている県もあった。文部省が生徒の安全を重視し、もっと早くマイクロバスの使用を規制しておれば、今回の事故はなかった。教員が運転して遠征に出るというようなことは、本来あってはならないことである。

道路の安全管理にも疑問がある。事故のあった小豆島スカイラインは、こう配が一三％から一八％もあり、政令で定める最高九％の基準をはるかに超えている。同道路は、政令改正前に開通したため規制を受けていなかったというが、改正後二〇年余も基準の二倍もある急こう配を放置してきた行政に問題はなかったのであろうか。

また、急坂でブレーキを頻繁に使うと、ブレーキが利かなくなるそうだが、そのようなブレーキや車の構造にも問題があろう。

今回の事故は、文部省をはじめ各方面の安全対策の不備により起きた事故で、その犠牲者が生徒や教員であったと言えよう。

（一九九六・六・二七　四国）

組合員の採用差別解消して

国労組合員らのＪＲ不採用問題で、与党三党は社民党も含めて政治決着を図った「四党合意」を破棄した。国鉄改革でＪＲ北海道・九州では分割民営化に賛成した当時の鉄道労連（旧動労など）の組合員は九九％以上が採用されたのに対し、反対の国労組合員らの採用は四〇％台にとどまった。

中労委や地労委などはこれらの不採用を不当労働行為としてＪＲ側に救済命令を出したが、裁判所が救済命令取り消しの判決を出したため、国労は法的追及の放棄を条件とする四党合意を受け入れたのであった。

裁判が欧米のような国民参加の参審制であったなら、中労委などの常識的な判断に沿う判決になったであろう。国労組合員らの不採用は、憲法が保障する基本的人権である思想・良心の自由や労働基本権を踏みにじるものである。国営企業の民営化に組合弾圧の不法が行われ、今も続いていることは許されない。
　このような人権侵害を引き起こす国鉄改革法を制定した政府・自民党・国会は、不採用問題を速やかに解決する責任がある。国会が不法を正し、人権を回復しなければ、法治国家の基礎が崩れてしまう。

（二〇〇二・一二・二五　朝日）

民事（行政）事件の参審制で司法の民主化を

　司法制度改革は、法科大学院・労働参審制の創設、刑事裁判における裁判員制の採用が決まったが、今、私達は改革の原点に立ち返って考えねばならない。司法改革の要求は、裁判に時間と費用がかかりすぎることと、国民が司法権の独立・裁判官の中立性に問題があるとして裁判に国民の声を生かせと、おこったのである。現在の職業裁判官による裁判では、特に行政訴訟において行政寄りの判断を下しがちという批判がたえない。裁判の迅速化は、法曹人口の拡大によって解決されるであろう。しかし裁判の公正は、民事（行政）事件を除いた参審制では十分確保できない。日本もフランス・ドイツのように民事・刑事両事件の参審制を採用すべきである。

「織田が浜埋立て反対訴訟」は、愛媛県今治市にあった全長一八〇〇m・幅六〇～七〇mにわたる四国一の白砂の自然海浜を埋立て、三四ヘクタールの新港を造成することが埋立てを規制する「瀬戸内法」に違反するとして住民が市を相手どり工事の差し止めを求めた行政訴訟であった。瀬戸内法は悪化する瀬戸内海の環境を保全するために全会一致の議員立法として制定され、「自然海浜の保全等に関し特別の措置を講ずることにより瀬戸内海の環境の保全を図ることを目的とする」と定めている。織田が浜は建設省の都市公園にも指定されていたが、中央港湾審議会は、渚の辺で約六九〇m、沖に五八五m突出する三四ヘクタールの埋立てを承認した。アメリカでは、住民が自治体に開発計画撤回の裁判を起こせば判決まで開発はストップされるのに、織田が浜の埋立て工事は続けられた。工事の強行は、日本の行政は誤りを犯さないという前提か、裁判所は行政訴訟で必ず行政側勝利の判決を下すという前提がなければ出来ないことである。

織田が浜訴訟は、五回行われた裁判において、住民が請求した「埋立て差し止め」は一度も認められなかった。一審松山地裁判決は、「違法の明白性を、専門的知識を有しない通常人にとっても容易に認識できるほど」とし、「埋立てが仮に原告らの主張のとおりの理由により違法なものであったとしても、その違法を重大かつ明白なものとすることはできない」と判決した。二審高松高裁判決は、住民訴訟としての適格性がないと、住民の訴えを「門前払い」にした。三審最高裁判決は、高裁判決を「法令解釈適用を誤った違法がある」と破棄し、審理を差し戻した。四審高松高裁判決は、「埋立は今治港の拡張として既設の港湾に接続してなされるものであって、自然海浜の重要な中央部分に港湾施設等を新設するというようなものではない」と判断し、一審判決を支持した。五審最高裁判決も、この高裁判決を支持し、裁判は終った。

「陸海軍その他の戦力は、これを保持しない」と規定する憲法の下、世界有数の軍隊をもつわが国の現状をみるまでもなく、法は解釈次第でどのようにでもなる。三審制でも合議制でも公正な裁判になってないと考えるから参審制が求められるのである。戦前は、政府が軍や皇室・行政府を守るために軍法会議・皇室裁判所・行政裁判所という特別裁判所を設置していた。行政事件を参審制から外すのは、行政裁判所を設置した意図と同じ意図からきている。行政事件の参審制が実現しないなら、司法改革とは名ばかりになってしまう。国民の人権を守るため、司法の民主化のために、行政事件の参審制を実現しなくてはならない。

（二〇〇三・八・三一）

平和脅かす防衛庁の省昇格

◇戦争放棄をうたい、陸海空軍その他の戦力をもたないとした憲法のもと、朝鮮戦争の勃発《ぼっぱつ》を機にGHQの指令で警察予備隊が設置された。その後、保安隊と改組され、一九五四年に防衛庁・自衛隊が発足し、現在年間五兆円近い防衛費を使っている。資料によると日本の国防支出は、米中ロ仏についで五番目になっている。

◇武器を持てば使う危険性が高まる。銃社会のアメリカは、年間何万人という銃による死傷者を出している。国連が核不拡散条約（NPT）を締結し、今また北朝鮮の核兵器保有を阻止するための制裁決議をしたのは、兵器の拡充が平和を脅かすという認識をもとにしているからだ。世界は、防衛庁の省昇格を日本のさらなる軍事化への意欲と見なすであろう。

◇国際緊張が高まると平和憲法改正の動きが強まるが、平和は各国の軍縮と国連機能の強化によってもたらされるものである。平和主義に逆行する省昇格を許してはならない。政府が、庁のままだと文民統制ができないというのなら、文民統制強化のための法律を制定すればすむことである。

（二〇〇六・一一・三　愛媛）

政府は見せかけでない世論の尊重を

小泉前内閣が始めたタウンミーティングとは、そもそも何だったのであろうか。本来、タウンミーティングはアメリカ植民地時代の自治体の住民総会のことで、そこでは住民による直接民主政治が行われた。小泉内閣は、民主的なこのタウンミーティングの名称を政府との対話集会の名称にたくみに取り入れたのである。小泉内閣の政治手法は、マスコミを利用して高い内閣支持率を維持し、政策を実行するというものであった。タウンミーティングで行われたやらせによる世論操作も問題であるが、タウンミーティングそのものも小泉政権の人気取りのための施策であったことを見なくてはならない。

民主政治は世論（民意）に基づいて行われる政治といわれる。小泉内閣は、タウンミーティングによって民意をきくようなポーズをとりながら、イラク戦争や自衛隊のイラク派遣のような重要な政治課題で、世論を尊重することはなかった。

タウンミーティング問題で、小泉内閣の一翼をになった安倍首相は給与の一部を返上することでけじめをつけようとしているが、反省してなすべきことは、民意を尊重する政治に立ちかえることである。国民の大多数が反対する教育基本法の改悪など強行してはならない。

（二〇〇六・一二・一四）

日本も米国も反省のない国

原爆投下は「しょうがなかった」という久間前防衛相の考えは、「本土決戦」「一億玉砕」「国体護持」を掲げて戦争を続け、国民の生命をないがしろにした当時の政府の考えと同じである。ポツダム宣言受諾で戦争は終わったが、大事なことは、日本が戦争を起こさず、また早期に降伏していれば、日本の被害も他国に対する加害もより少なくてすんだということである。

ソ連の参戦も米国の原爆投下も、戦後の国際社会で優位を確立する意図でなされたものである。だが、戦時であっても一般市民への虐殺は許されない。米国が、原爆実験の資料を添えて東京への投下を通告していたなら、日本は降伏していたはずだと私は考えている。

日本は侵略戦争の、米国は原爆投下の誤りをそれぞれ犯した。両国民はそのことをお互いに認めなければならない。

戦後、紛争の平和的解決が国連憲章で定められた。戦争に対する反省のない国は誤りを繰り返す。イラク戦争を始めた米国も、それを支持した日本も、反省のない国というほかはない。

（二〇〇七・七・一三　朝日）

「取り調べの全過程の録音・録画（可視化）」を！

警察庁は不法な取り調べに対する批判をうけて、警察署に監督担当者を置くとともに、四月からは取り調べ室に透視鏡などを設置し、第三者が部屋の外から監視できるようにすることにしている。しかし、このような身内による監視で不法な取り調べが無くなるとは考えられない。

同庁は、また、自民・公明両党の「取調べの一部録音・録画を求める提言」をうけて〇八年度にも全国の主要な警察で試行する方針だという。「取調べの一部」とは、検察庁が〇六年から試行している「自白調書に沿った質問をして容疑者に答えさせたり、調書内容を読み聞かせて署名をさせたりする状況を録画するなど」と同様な内容になるものとみられている。

警察・検察当局は、日本弁護士連合会などが求める「全過程の録音・録画」は「真相解明を害する恐れがある」と反対しているが、その説明は合理性を欠き、納得できない。

いつ、被疑者、被告とされるかも知れない国民の一人として不法な取り調べを受けることのないように、また裁判員となって裁判に参加した時に正当な取り調べにもとづく自白調書を読むためにも、政府に「全過程の録音・録画」の早期実施を求めなくてはならない。当然のことながら、「全過程の録音・録画」は、不法な取り調べによる国民の被害を防ぐだけでなく、取り調べに当たる警察官・検察官自身の不法犯罪を予防することになる。

（二〇〇八・三・一七）

取り調べ全部可視化が必要

佐賀地裁は強盗殺人罪などで起訴された男性への判決で、取り調べの一部を録画したDVDでは、供述の信用性を裏付けられないとする判断を示した。

調書の読み聞かせ、署名、押印などしか録画されておらず、それ以前の取り調べが明らかでないというのが理由だ。この判断はきわめて合理的であり、一般の常識にもかなうものである。

憲法第三八条が自白の強要を厳しく戒めているのは、不法な取り調べから国民を守るためである。だが、常軌を逸した取り調べ、それに起因する誤判は現実に起きている。

こうした批判を受けて、検察、警察側は取り調べの一部可視化を目指しているが、「一部」では不十分ということだ。

裁判は真相を解明して正義を実現するためにある。「取り調べ全過程の可視化」は不法な取り調べを防ぎ、誤りのない正しい裁判を実現するうえで欠かせないものである。

国民が裁判員になることを義務づけた政府・国会は、来年五月の裁判員制度の開始までに全面可視化を実現する責務がある。

（二〇〇八・七・一八　朝日）

国交正常化で拉致問題解決を

政府の第一の任務は、国民の生命・自由を守ることなのに、朝鮮民主主義人民共和国（以下、北朝鮮と略す）による日本人拉致を許したばかりか、長きに渡《わた》ってその解決を果たさないでいる。朝鮮が南北に分断し、対立しているのは、日本の植民地支配に起因している。まず日本は、植民地支配による加害、一九四八年の南北分立後も米国に追随して南北分断政策をとったことを、率直に反省し謝罪しなければならない。

大韓民国に対しては、一九六五年の日韓基本条約で朝鮮にある唯一の合法的な政府と認めて、国交を正常化し経済援助をしてきた。一方、北朝鮮に対しては、ようやく一九九一年に国交正常化交渉を開始するも、まだ正常化に至ってない。これは、同じ朝鮮民族に対して、著《いちじる》しく公正さを欠いている。

二〇〇二年の日朝平壌宣言以来、歴代内閣は圧力と対話によって拉致問題の解決を図るとしてきたが、六年半が経っても解決に至ってない。これまでの経験から、外国の圧力頼みではなく、日本が国交正常化交渉を進め、同時に拉致問題を解決するしか早期解決の道は無いと思う。日本は過去の誤りを謝罪し、補償・経済援助をすることで誠意を示し、北朝鮮に拉致問題の全面解決を迫るべきである。国連も、日本がそのような態度を示せば、拉致問題解決に力を貸《か》してくれるであろう。

（二〇〇九・三・一七）

政治の転換で拉致問題の早期解決を

朝鮮民主主義人民共和国（以下、北朝鮮と略す）による日本人拉致問題は、二〇〇二年一〇月の日朝平壌宣言からでもすでに七年が来ようとしているのに、解決に至ってない。拉致問題解決に進展が見られないのは、小泉内閣をはじめとする歴代内閣の政治姿勢、外交政策に原因があると言わざるをえない。日朝平壌宣言後の内閣は「圧力と対話によって拉致問題の解決を図る」としてきたが、この「圧力」が北朝鮮の反発を招いて、拉致問題の解決を遠ざけてきたと考えられる。

　日本政府は、拉致問題を解決するために、米国が北朝鮮に圧力をかけることを求めてきた。元々《もともと》、日米同盟に脅威を抱いていた北朝鮮は、二〇〇一年の米国同時多発テロ事件でブッシュ大統領が対テロ戦争を表明した後は、我々が想像する以上に自国の安全保障に脅威を感じていたはずである。ブッシュ政権がテロへの報復でアフガニスタン攻撃を決定すると、小泉内閣は自衛隊が米軍などの後方支援を行なうテロ対策特別措置法を成立させ、インド洋に自衛隊を派遣した。翌二〇〇二年秋には、米国がその単独主義、覇権主義の考えから、国連憲章に定める紛争の平和的解決義務に反してイラク侵攻を企てた際、小泉内閣は戦争反対の世論を無視して米国を支持し、翌年にはイラク復興支援特別措置法を成立させ自衛隊をイラクに派遣した。

　イラク戦争、フセイン政権の崩壊を見て、アメリカにテロ支援国家と指定されていた北朝鮮が、自国の安全保障のため核兵器やミサイルの開発を進めたのは予想されたことだった。北朝鮮は拉致被害者を日本に返すことによって、外国からの攻撃に対する人間の盾《たて》を失うことや、事件の全容が明らかになって北朝鮮の民主化という攻撃の口実を与えることを、恐れたということも考えられる。ブッシュ政権に追随する小泉内閣の戦争を容認する外交政策は、アジア各国、特に北朝鮮には圧力などとは呼べないような威嚇となっていたはずである。北朝鮮が、敵対視する日本政府の求める拉致問題の解決に応じることはありえなかった。

北朝鮮に対する経済制裁も、拉致問題解決の有効な手段になるとは考えられない。万一、北朝鮮の主要な貿易相手国である中国、韓国が制裁に同調してくれたとしても、北朝鮮に餓死者が出るような事態になれば、国際社会は人道的支援を行なうだろうからである。

小泉内閣からつづく、自衛隊が戦争をするのを可能にするような法の整備と自衛隊の海外派遣、防衛庁の省への昇格、小泉元首相の靖国神社参拝、安倍元首相、麻生首相の同神社への玉ぐし料奉納など戦争、植民地支配を肯定するような行為が、拉致問題解決の道を閉ざしてきたと、私は考える。

同時多発テロの後、対テロ戦争に向かったアメリカに対し、日本政府は国際法、日本国憲法、世論に従って、戦争に反対すべきであった。そして、永年の北朝鮮敵視政策を改めて、同国を朝鮮半島に現存する主権国家として認め、国交を回復すべきであった。

拉致問題は国民の生命、自由に関わる人権問題であり、また我が国の主権に関わる重大な、早急に解決されねばならぬ問題である。「圧力」から「誠実な話し合い」へと、政治の根源的な転換によって、解決への道を開かなくてはならない。

（二〇〇九・五）

県民無視した扶桑社版採択

◇私が勤めていた私立の中高一貫校では、毎年歴史教科書の選択を行っていたが、扶桑社版を推す教員は一人もいなかった。今治市・上島町の校長や保護者らでつくる今治地区教科用図書採択協議会も現行の東京書籍版を推していた。

◇現在、全国の中学校で使用されている扶桑社版は一％に満たない。扶桑社版と他社版の違いは一読すれば分かる。ところが県教委、上島町教委では全会一致、今治市教委でも四対一の多数決で扶桑社版が採択された。これは、よりよい教育を願う保護者、教員、県民の思いを無視した決定と言わざるをえない。

◇教育委員会制度は一九五六年に委員の公選制が任命制に改められ、首長が自分の思想・信条に合う委員を任命し、教育行政を統制することが可能になった。教育行政の民主化には、自民党の一党支配の下で改悪された教育関連法の改正が必要である。歴史教科書の採択問題について大人は、将来の社会を担う子どもたちのために声を上げねばならない。

（二〇〇九・一二・二三　愛媛）

津波浸水地は無人化し、高台に居住地をつくれ

3・11津波の被災者が高台移転を望んでも、適地がないため先行きが見えない状況だという。岩手県宮古市では、県・市は防潮堤の高さを引き上げたり、市街地の一部をかさ上げして津波に備える計画だというが、それでは大津波の被害を防ぐことは出来ない。

昭和三陸津波（一九三三年）の後、「住宅・学校・役場等は必ず高地に設くべきものとする」という対策が出されたが、実施されなかったために多くの尊い人命が奪われた。宮古市姉吉地区では、津波跡より六〇cm上がった所に、「ここより下に家を建てるな」の石碑が建てられてあって、それを守った人達は全員助かっている。大津波から人命・財産を守るには高地移転しかない、というのが3・11津波の教訓である。

国は、浸水した土地を買い上げ、代替地を供給して、住宅・学校のみならず、商店・工場などを安全な高地に移転させるべきである。大地震と大津波は、将来必ず起こるし、津波が地震発生から間なしに襲来することも十分ありうる。元の土地に復旧して、将来に禍根を残すようなことは、絶対にしてはならない。

（二〇一一・四・二二）

住民の生命を守る復興を

３・11津波被災者の住宅再建が、高台に土地を確保できないため進んでいない。国は被災地の復興計画を抜本的に見直し、被災者の要望にこたえなければならない。

三陸地方は、この百余年の間に四度も津波による大きな被害を受けている。その経験から、大津波を防ぐ人工物の構築は不可能だと考えられる。一九三三年の昭和三陸地震津波の後、「住宅・学校・役場等は必ず高地に設くべきものとする」という対策が出された。この対策が実施されていれば、どれだけ多くの人命が守られたことであろう。

国は、繰り返し大きな被害を出してきた津波浸水地域に、無人化を含む大幅な居住制限を行ない、高地か他所《よそ》に新しい町を建設すべきではないだろうか。そして新しい町に、公共施設をはじめ住宅・工場・商店などの移転をはかることが、合理的な復興計画であろう。復興は、なにより住民の生命を守ることを基本として進めなければならない。このことは、原発事故被災地にも求められる。

浸水被害を受けた場所に町を復旧することは、将来に禍根を残すことになる。大津波の被害を免《まぬが》れる方策は、津波の及ばない場所で生活していくしかない。津波による痛ましい悲劇は、二〇一一年3・11地震を最後にしなければならない。

（二〇一二・九・九）

よりよい歴史教科書を

歴史教科書の採択は、学力と世界に通用する歴史認識を育むという点から考えねばならない。学力、歴史認識とも、史実を正しく知ることなしには生まれない。

一九世紀、欧米列強はアジアの植民地化を進めていた。これに対し明治政府は、福沢諭吉が「支那朝鮮に接するの法も、正に西洋人がこれに接するの風に従って処分すべきのみ」と論じた通り、侵略を進めていく。日清戦争で台湾を、日露戦争で朝鮮・樺太南半を、第一次世界大戦で旧ドイツ領南洋諸島を、満州事変で満州を植民地とし、日中戦争・太平洋戦争へと突き進んだ。昭和天皇が太平洋戦争の開戦直後に、「平和克復後は南洋を見たし、日本の領土となる処なれば支障なからむ…」と語っているように、日清戦争から太平洋戦争まで全て侵略戦争であった。

未来を担う子供には、日本は列強と同じように侵略戦争を行なったこと、それは国際法に違反するものであり、アジア諸国民を深く傷つけたことを記した歴史教科書が必要である。

（二〇一二・一〇・一〇）

明成社版「最新日本史」採択批判　―何故、歴史教科書が問われるのか―

幸福に生きてほしい―子どもたちに対して、私達大人が抱く思いである。幸福追求権は、日本国憲法にも掲げられた基本的人権である。幸福になるには？　西洋のことわざは「正しく生きよ、そうすれば幸福になる」と言っている。「正しく生きる」には、人（権）を尊重する人間性（やさしさ）と判断力が求められる。判断力は知識、それを深めた認識に大きく規定される。

「知識は力なり（ベーコン）」と言われるが、知識の有る無しで判断力は決まる。東日本大震災の津波で、近くの山に避難せず七四人の児童が犠牲になった大川小学校のことを考えてみたい。「地震があれば、津波が起こる」という理科の知識を大人が共有していれば選んだ行動は違っていたであろう。また三陸地方の「歴史」を知っていれば、大川小学校の悲劇は起きなかったと考えられる。明治三陸津波で約二万二千人、昭和三陸津波でも三千人余りの犠牲者を出したが、その時、「住宅・学校・役場などは必ず高地に設くべきものとする」という対策が出されている。行政と住民がこのような三陸の歴史を知っていれば、大川小学校を現地に建てることはなかったであろう。

歴史は、政治、経済、文化活動など人間の営みを総合したものである。それ故、歴史の知識（認識）は政治的、経済的、文化的判断力に、ひいてはその人の生き方に大きく影響を及ぼす。だから政治権力者は歴史教育に関心を持ち統制を加える。戦後、日本を占領統治したアメリカは、戦前の皇国史観（日本の歴史が万世一系の天皇を中心として展開されてきたと考える歴史観）に基づいた歴史教育をただちに停止したのである。

為政者が「民は依らしむべし、知らしむべからず」と言っているように、国民に判断力を持たさないためには無知な状態に置くことが有効である。権力による情報統制（隠し）は枚挙にいとまがない。さらに判断力を殺《そ》ぐことから進んで、国民の考えを根本から変えてしまい正しい判断力を無にしてしまうことも権力がよくすることである。その方法としては、情報操作、大衆運動などによる思想統制、特に大きな影響力を持つのが教育統制・学校教育である。

アメリカの日本占領の基本目標は、「民主化と非軍事化」だった。ところが冷戦の開始で、アメリカは日本を極東の反共基地とするため、占領政策を転換した（日本の逆コース化）。戦犯容疑者の釈放、レッド＝パージ、朝鮮戦争を契機とした再軍備、日米安保条約の締結など、憲法でうたった基本的人権の保障や平和主義の原則は破られていった。家永三郎の日本史教科書検定不合格、東京・愛媛の扶桑社版中学歴史教科書の採択は、このような流れの中で起きた。歴史教科書裁判に関係することでは、池田・ロバートソン会談（一九五三）の「日本人に軍国主義意識を培養する必要があるとの日米合意」と教育委員会法の改悪（一九五六）によって、「教育委員の公選制が任命制に変えられた」ことが重要である。

―明成社版「高等学校最新日本史」に対する疑問と批判―

⑴　歴史教科書は歴史学の成果にもとづき、史実を合理的に解釈・叙述しなくてはならない。明成版は重要な史実の欠落が多く、また叙述が恣意的で合理性を欠く。天皇には「敬語表現」を用いるなど他の教科書とは異なる。総じて言えば、「高等学校最新日本史」（以下、明成社版と記す）は歴史教科書とは言いがたい。

⑵　明成社版は皇国史観に基づいて、神権天皇制（明治維新から敗戦まで）を正当化しようとしている。神権天皇制は、薩長・公家の倒幕派が国民を天皇の権威を用いて支配するために始まった。支配層は天皇を現人神と国民に認識させるため、さまざまな手段を用いた。ところが敗戦後、天皇の戦争責任追及の国際世論の高まりを見て、幣原首相は「新日本建設に関する詔書」を出した。明成社版は、「昭和天皇は…国民を激励された」と記述している。ふつう「天皇の人間宣言」とよばれるこの詔書は、制定の意図と内容から「天皇の神格をみず

から否定した」ことに歴史的意味があるのに、明成社版ではそのことを記述していない。

(3) 軍隊が関係する記述にも不適切な記述が多い。日本が勝った日露戦争は詳述し、大敗したノモンハン事件では「…機械化部隊の前に敗れた」と記す。軍隊が民衆を弾圧したことは隠そうとしている。秩父事件では、「鎮圧された」と軍隊の語がない。米騒動では、「軍隊が出動せざるをえない状態になった」と、九万人の軍隊で「鎮圧した」ことの記述がない。関東大震災時の朝鮮人・中国人虐殺事件では、「各地の自警団などが多数の朝鮮人を殺害した」と軍隊・警察の語がない。南京大虐殺は、「そのさい、日本軍によって非戦闘員に多くの犠牲者が出た（南京事件）。」と虐殺の文字はない。従軍慰安婦の語はどこにもない。米騒動では民衆の力が寺内軍人内閣を倒したのに、「体調をくずしていた寺内内閣は退陣し…」と合理的な説明になってない。

(4) 明成社版は民衆の力、反権力の動きを矮小化している。また三・一独立運動を「三・一事件・万歳事件」と明朝活字で記し、五・四運動も細文字にするなど、日本に対する朝鮮・中国の反帝国主義・民族独立運動の印象を弱くしている。三・一独立運動に対し、日本が軍隊・警察で徹底的に弾圧し、敗戦まで植民地支配した事実を知れば、太平洋戦争が欧米列強によるアジア植民地支配を日本が打破する解放戦争であったというような論がまやかしであることはすぐ分かる。

(5) 明成社版は歴史学の新しい成果をとり入れてない。《例》大和朝廷（大和政権）・聖徳太子（厩戸王）・応神天皇陵（誉田山古墳）・仁徳天皇陵（大山古墳）など。

(6) 明成社版は、歴史事象について他の歴史教科書と異なった解釈・記述が多い。また、用語の字体（ゴシック・明朝）が他社版と異なることも多い。巻末資料に、「年表」が無い。

教育基本法に掲げる「民主的で文化的な国家を更に発展させるとともに、世界の平和と人類の福祉の向上に貢献する」、「個人の尊厳を重んじ、真理と正義を希求する」という理念は、明成社版にはない。

歴史に関する誤った知識・認識を持てば、誤った判断・行動に結びつく。子どもたちが、幸せに生きる力を確保できるような歴史教科書を、彼らの手に渡さねばならない。

（二〇一三・五・二五　えひめ教科書裁判通信）

高江―オスプレイパッド建設阻止の輪を

私は、三月に沖縄を訪ねた。ベトナム戦争時、沖縄の友人から「沖縄のことを考えて」と言われて以来、沖縄のことはいつも頭にあったし、沖縄のことを少しは知っていると思っていた。私は、高江でテントや民家に泊まって抗議集会などに参加し、辺野古（座り込み）、普天間も訪ねた。高江には広大な米軍北部訓練場があり、辺野古の浜の半分も海兵隊のフェンスに囲まれていた。普天間では市役所横に市民広場があって、金網のフェンスに掲げられた海兵隊の看板は、「人も車も午後一一時までに立ち去ること」と警告していた。その看板の横には宜野湾市の注意書もあって、「市民広場は米軍施設区域内に位置し米軍の厚意により使用していると ころです」等の文言があった。沖縄は米軍の支配する県、日本はアメリカに支配された国だと、初めて分かった。

私が最初に訪ねた国頭郡東村高江は、天然記念物ヤンバルクイナが生息する森林の中にあった。同じ森の中に、高江の集落と隣接して総面積七八〇〇ヘクタールの米軍北部訓練場もあった。訓練場には二二ヶ所のヘリパッド（ヘリコプター離着陸帯）があり、住民は爆音や墜落の危険にさらされてきました。

米兵による少女暴行事件（一九九五年）の後、県民の「基地を無くせよ」の声を前に、日米両政府は「在沖米軍基地に関する返還」の合意をなした（一九九六年）。今回の日米合意でも明らかなように、基地の返還は基地内施設・機能の県内移設が基本的条件となっていた。日米両政府は、「沖縄の基地負担軽減」と言いながら、実際は「基地の強化」を目ざしている。北部訓練場も同じで、訓練場の半分を返還するかわりに、返還予定地にあるヘリパッドを高江周辺に移設すること、海上からの上陸作戦訓練のための水域と土地の提供が決められた。ヘリパッドの新設はオスプレイの配備・訓練のためだったのです。

重量が大型輸送ヘリＣＨ４６の二倍以上ある「空飛ぶ棺桶」と呼ばれるオスプレイが訓練飛行すれば、墜落の危険性・爆音は今までの何倍にもなり、世界自然遺産に値する山原《やんばる》の自然も破壊されてしまう。沖縄県、全市町村議会が「オスプレイ配備反対」決議をしているにもかかわらず、国はヘリパッド新設工事を「高江」で強行している。今この時も反対運動をつづけている高江の人達に思いをはせ、手をつないでもらえたら、と思います。

（二〇一三・五・三　愛媛憲法集会パンフレット）

沖縄・高江のヘリパッド建設をやめよ

安倍内閣は、三月に名護市辺野古の埋め立て申請を出し、四月五日には嘉手納以南の米軍基地返還計画で米国政府と合意した。これらは日米特別行動委員会（ＳＡＣＯ）合意やロードマップなどアメリカ政府との約束を順守する姿勢を打ち出したものである。ところが基地の返還は、施設・機能を沖縄県内の新しい基地に移設することが条件となっているため、実現していない。移設先は既存の基地の騒音、航空機の墜落・米兵の犯罪などの危険を背負いこむばかりでなく、基地造成に伴い貴重な自然の破壊も招く。当時の自民党橋本内閣は、沖縄の基地負担を軽減するためSACO合意を結んだのではなかったのか。政府は、基地負担軽減という沖縄県民との約束を果たすため、アメリカとの再交渉に着手すべきである。

国頭郡東村高江では、米軍北部訓練場の半分の返還の条件として、新しいヘリパッド（ヘリコプター離着陸帯）の建設がすでに強行されている。新設のヘリパッドは、沖縄の全地方議会が配備反対決議を出しているオスプレイのためのものである。基地の移設は基地の先鋭化を伴い、沖縄県民にさらなる苦しみをもたらす。政府は高江のヘリパッド建設工事を即時中止すべきである。

（二〇一三・四・二五　次項「沖縄・高江　座り込み参加した」の原稿）

沖縄・高江　座り込み参加した

三月に沖縄の東村高江・辺野古・普天間を訪ねた。高江では、米軍の北部訓練場の一部返還条件として、ヘリコプター着陸帯（ヘリパッド）の建設が強行されている。欠陥機といわれるあのオスプレイにも使われる。

建設に反対する住民の座り込みは昼夜を問わず六年も続いている。私も座り込みに参加し、「また参加して欲しい」と頼まれた。また行くつもりだ。高江の住民は約一六〇人。座り込みには人数が必要なうえ、高江では、工事が進んでいるので、反対運動は難しさに直面していた。沖縄県知事や東村長は「オスプレイ配備は反対、ヘリパッドは容認」なので、さらに運動は困難を極めている。

安倍内閣は、四月五日に嘉手納以南の米軍基地返還計画で米国政府と合意した。ところが基地の返還は、大半は施設・機能の沖縄県内移設が条件となっているため、容易に実現できない。移設先は、基地の騒音などの負担を背負い込むばかりでなく、貴重な自然の破壊も招く。

基地の移設は県民にさらなる苦しみをもたらす。座り込みの住民に対し、沖縄防衛局が通行妨害だと訴えた控訴審は、六月二五日に福岡高裁那覇支部で判決がでる。高江のヘリパッド建設に本土の人も注視して欲しい。

（二〇一三・五・二二　朝日）

基地負担軽減正しい判断を

◇九月八日付本紙によると、小野寺防衛相は、沖縄県の仲井真知事との会談で、米軍普天間飛行場に配備された米軍新型輸送機オスプレイが参加する日米共同訓練を今月、滋賀、高知両県で実施すると、知事に伝えたという。政府はこの訓練によって基地の負担軽減をアピールし、普天間基地を辺野古沿岸部に移設するのに必要な埋め立て承認に向け環境整備を図る方針とあった。

◇オスプレイは八月下旬、米国ネバダ州で着陸に失敗し、機体から出火している。同月上旬には、沖縄の米軍基地内で、米軍ヘリが墜落炎上している。沖縄で米軍機の事故が多いのは、国内の米軍専用施設の七四%が集中しているからだ。

◇日米両政府は一九九六年、沖縄の基地負担削減を掲げ「在沖米軍基地に関する返還」の合意をした。それによると、基地返還は基地内の施設・機能の沖縄県内移設が条件となっている。しかし、それでは沖縄の負担軽減にはなり得ない。沖縄の負担軽減は米軍撤退か、基地の県外移設しかない。沖縄の歴史と現状を理解し、正しい判断をしてほしい。

(二〇一三・一〇・二　愛媛)

教科書採択よく読み比べて

◇沖縄県竹富町教育委員会が、採択地区協議会の選んだ保守色の強い中学公民教科書の採択を拒否していることに対し、国が町教委に直接、是正要求をした。

◇一方、今治市では二〇〇九年、校長らでつくる地区採択協議会の推す教科書ではなく、保守色の強い中学歴史教科書を採択した。新自由主義の考えに立ち、安倍首相が目指す「自虐的偏向教科書の是正」方針に沿う教科書だ。県教委が〇二年、県立中学の歴史教科書に保守色の強い扶桑社版を採択したとき、新居浜市出身の劇作・演出家の鴻上尚史さんが「愛媛出身と名乗れなくなった」という一文を本紙に寄せたのが印象に残っている。

◇教科書は世界に通用する知識や認識を育み、学びやすいものでなくてはならない。子どもの幸福を願う人はどのような教科書を採択すべきか考えてほしい。そのために各社の教科書を読み比べ、新自由主義の教科書を使っている県や今治市などの学校の教員や生徒の意見を聞くことが重要である。

（二〇一四・四・七　愛媛）

生命・自由を守る

昨年三月、私は初めて沖縄を訪ねた。私は、沖縄に関心を持ってきた、沖縄の地を踏んだことはないが、沖縄のことをある程度は理解していると思っていた。しかし、沖縄に八日滞在して、理解どころか、ほとんど何も知ってないことを知らされた。

今年一月、韓国の高校生と交流する機会があって、「『近代』という語をどのように思われますか」と尋ねてみた。その答えの言葉を思い出せないのだが、日本の侵略・植民地支配で受けた民族の深くて重い心の傷を負っていると、気付かされた。高校一年の生徒さんがそのような思いを抱いているとは思ってもいなかったので、動揺してしまった。

戦前の日本のアジア侵略を否定し、太平洋戦争を欧米の支配から解放する自存自衛の戦争であったと言い張る安倍首相に代表される新自由主義の風潮が広がっている。その風潮は、程度の差こそあれ日本人が、「植民地支配」は被植民地の人々の生命・自由・尊厳を奪うものだということを理解していないことから起こっている。

反基地の闘いは、オスプレイをはじめとする戦闘機・軍艦から生命を守る、生きるための闘いである。また、軍事基地を無くすということは、自由をとりもどすことであり、人間の尊厳を確保することである。

在沖米軍基地（沖縄本島面積の約二〇％を占める）は、アメリカの植民地である。外国の軍事基地が存在する国は、独立国でないとされる。国家主権がないということである。一九五二年日本は主権を回復したと言われるが、それは主権の回復ではなく、日本の支配層が日本の支配権をアメリカから委譲されたと考えるべきであろう。

沖縄は一九七二年まで、アメリカの占領が続き、その後もアメリカのきびしい支配下にある。日本は国民主権（民主政治体制）ではない。そのことは、特定秘密保護法が国民の大多数の反対にもかかわらず制定されたことでも分かるはずである。

アメリカに従属する日本政府は、沖縄の人々の生命・自由・尊厳を守ろうとはしない。沖縄の人々は、直接日米両政府に対し、抗議の声をあげ、人権を守るたたかい（つまり正義のたたかい）を行なっている。

私には大きな力はないが、沖縄の反基地闘争、朝鮮学校高校生の授業料無償化運動、新自由主義教科書採択撤回運動に心を配っていこうと思う。

（二〇一四・五・三　愛媛憲法集会パンフレット）

朝鮮学校無償化除外やめよ

◇政府が第一になすべきことはいうまでもなく国民の生命、自由など人権を守ることだ。政府は北朝鮮による日本人拉致を未然に防ぐべきだったし、拉致が明らかになった時点で、被害者の原状回復を何としても実現すべきだった。歴代内閣の拉致問題への取り組みは不十分で、国民の人権を軽視したものと言わざるえを得ない。

◇同様に、朝鮮学校の高校生だけ授業料無償化から除外していることも重大な人権侵害だ。日本政府による朝鮮学校差別は憲法や国際人権規約、子どもの権利条約などの国際法に違反している。国連人権機関も無償化の朝鮮学校除外に懸念を表明している。朝鮮学校への差別中止は、北朝鮮による拉致再調査の開始に伴う制裁解除とは別問題で、即時なされるべきである。

◇政府には、高校無償化法が施行された二〇一〇年以来の就学支援金の不支給金の弁償と、朝鮮学校に対する謝罪が求められている。

（二〇一四・六・二一　愛媛）

辺野古埋立て工事中止を

故郷の村を貫流する頓田川河口に広がる今治市の織田が浜は、美しい、四国一長い自然海浜だった。ところが今治市は、住民による埋立て中止の裁判を無視して、埋立てを既成事実化するため工事を強行した。悠久の時がつくり上げた景観は、今はもうない。

名護市辺野古は、ジュゴンの生息する世界的に貴重な海である。安倍自・公内閣は、名護市長選の結果を見、一一月の知事選を見通して、埋立てを既成事実化するため工事を強行している。国家権力による不法な埋立て強行は、美しい日本の自然と、人の心を破壊する暴挙である。

今、政府がなすべきことは、不法な辺野古埋立てではなく、世界一危険な普天間米軍基地の即時無条件返還を実現することである。フィリピンは、一九九二年までに全ての米軍基地を撤退させた。日本は、アメリカの言いなりになるのではなく、主権国家の誇りと威信をかけて、普天間基地の無条件返還を実現しなければならない。

（二〇一四・八・二二）

戦後日本は不戦を守ったか

戦後、吉田内閣は「自衛権の発動としての戦争も放棄」と言いながら、朝鮮戦争が勃発すると米国の命令に応じて二五隻の掃海隊を出し、戦死者を出した。また九条の戦力不保持条項を破る再軍備を行ない、安保条約で米軍基地を認めてアメリカの戦争に協力することになった。

以後も日本はベトナム戦争を支持し、湾岸戦争では戦費負担を行なった。人的支援が求められると、PKO（国連平和維持活動）協力法を制定しカンボジアに自衛隊と警察官を派遣し、警察官が犠牲になった。アフガニスタン戦争が起こるとテロ対策特別措置法を制定しインド洋に自衛隊を派遣し米軍機に給油する後方支援を行なった（戦争とは前線と後方活動が一体となったもの）。

ブッシュ大統領が、大量破壊兵器から国際社会を守るため《自衛》と言って始めたイラク戦争では、小泉内閣が真っ先に米英の軍事行動を支持し、自衛隊を初めて戦地に派遣した。アナン国連事務総長が「不法な戦争」と断じたこの戦争で戦死した多国籍軍の兵士、帰国後自殺した多くの自衛隊員、そして何より罪もない一〇万人を超すイラクの犠牲者のことを考えなくてはならない。

明治以降現在まで戦争を繰り返してきた日本、集団的自衛権を容認すれば、アメリカと共に戦争するという破滅の道に進むことになる。国民全てが考えて、声を上げ、行動しなくてはならない。

（二〇一四・一〇・三〇）

沖縄県辺野古埋め立て阻止・普天間基地撤去・高江ヘリパッド建設阻止行動が問うもの

今、国は普天間基地移設用として辺野古の埋め立て、オスプレイ配備用のヘリパッド建設（高江）を強行している。政府は「日米合意に基づいて」とか「法律に従って」と強弁し、強権でもって沖縄県民の意思（普天間基地の県外移設、高江オスプレイ配備反対）を踏みにじっている。安倍内閣は「合法性」を前面に出して人権を破壊している。確かに安倍内閣の存立・日米合意・埋め立ては、形式的には憲法上、法律上、合憲・合法である。だがそれは代議政治上の合法であって、根源的な意味（自然法）では不法（不正義）である。〔正義とは万人に対して彼にぞくするものを得させること（ローマ法）〕

代議政治（間接民主政治）の原理は「国民主権の原理・人権保障の原理・権力分立の原理・

法の支配の原理」と並んで「近代民主政治の原理」とされている。だがこの代議政治の原理は、demokratia=demos（人民）＋kratia（主権・支配）を語源とするデモクラシーとは相容れない。代議制では国民主権になりえない。国民主権とは国の最終意思決定権を国民が持つということだが、代議制では選ばれた人々が国家意思の決定を行っている。代議制では、議員以外の国民は政治に参加することから根源的に疎外されている。このことは、大多数の国民は不平等な状態に置かれていることを意味している。代議制では、議員の専制政治となり、人権が抑圧される危険が常につきまとう。安倍自公連立内閣は、選挙で政権を取り全権委任法を成立させて独裁政治を行なったナチスに相似ている。

昨年一一月の知事選で、普天間基地の県外移設を公約した翁長氏が自民党候補に圧勝した時、沖縄から日本の民主主義に期待する声が上がったが、日本（のみならず代議制の国）には真の民主政治は存在しないので沖縄の声は届いていない。

それでも沖縄の人々は、生命と自由を守るため、国家権力に対して反基地の闘いを行なっている。

ルソーのいう、人民主権の直接民主政治の実現を目指さねばならない。今は、「人権を守らない政府に反抗することが正しい」というロックの言葉を思い起こす時である。

（二〇一五・五・三　愛媛憲法集会パンフレット）

民事・刑事事件の参審制が人権を守る民主主義の司法制度

私は、自らの一五年にわたる裁判の経験から、民事・刑事事件の参審制が人権を守り、民主主義を発展させる裁判制度だと考える。その理由は、代議制の下で、直接市民が裁判という政治活動に参加することは民主主義にかなうからである（直接民主政治）。また、参審制は権力分立の理にもかなっている。アクトンの言うように、「権力は腐敗する。絶対権力は完全に腐敗する」から、フランス人権宣言は、「権利の保障が確保されず、権力の分立が規定されないすべての社会は、憲法をもつものでない。」と宣言したのである。わが国の権力分立の制度としては、立法・行政・司法の三権分立、地方分権（地方自治）、国会の二院制、行政委員会制度がある。参審制は、市民の政治参加によって中立・公正を確保することを目ざした行政委員会制度と目標を同じくすると言えよう。

参審制の確立は、議院内閣制をとるわが国では、権力分立のためとくに求められる。行政権が肥大・強大化して、行政国家といわれる現在、権力分立制によって議会や裁判所が行政府を抑制しなければ、人権の保障はおぼつかない。三権分立論に忠実なアメリカの大統領制と異なり、行政府が議会から生まれる議院内閣制は、その成り立ちから権力の分立は不十分にならざるをえない。

さらに現代は、政党が政治に主導的役割を果たしている。国会の二院制は参議院が政党化し、二院制に求められる権力分立のはたらきを十分果たしていない。国会を主導する政党が内閣を作り、内閣を支配することになる。自治が十分発達していない地方政治も政党が牛耳れば、国政（国会・内閣）、地方政治を政党が主導することになる。このような状況の下で、司法権の独立が失われれば、人権の保障は出来ない。

司法権の独立については、内閣が裁判官の任命権をもつという、日本国憲法の規定から、内閣の恣意的な裁判官任命によって、司法権の独立・中立性が侵されるという危険性が常につきまとう。権力をもつものは常に自らの権力を守り、拡大しようとするものだからである。内閣が裁判官の任命権をほしいままにした結果、裁判がどのように変わったかという一例を示してみる。

一九六六年一〇月二十六日、最高裁大法廷は全逓中郵事件判決で、「憲法二八条による労働基本権は、私企業労働者ばかりでなく、原則として公企体職員や公務員にも保障される」として、公企体ストを刑事制裁の対象外とした。ところが、一九七七年五月四日、同じ最高裁大法廷は名古屋中郵事件で、公企体ストへの刑事罰適用を認める判決を下した。

この判決について、一九七七年五月九日付の読売新聞のコラム「編集手帳」は、「ある種のスポーツの審判を連想したといったら失礼に当たるかどうか。憲法記念日が過ぎるのを待つようにして出された先の最高裁名古屋中郵事件判決・公企体ストへの刑事罰適用は、判例の百八十度変更だった。例えば余りフェアでない競技で、実力伯仲の選手が争うとき、間違いなく勝つ方法は自分にひいきしてくれる審判を呼んでくることだ。たとえ相手が優勢な試合になっても、この審判は信念をもって、こちらの勝利を宣言してくれる。観衆が口笛を鳴らして騒ごうと、時代錯誤だと反対しようと、判定は神聖、かつ絶対だ。最高裁の場合はこうだ。四一年の全逓中郵判決、四四年の全司法判決、都教組判決と、ひところ公務員や公企体職員の労働基本権を尊重する側に立った判決が相次いだ。いわば、政府軍と労働軍の対戦で、労働軍の判定勝ちだ。これではならじと、政府軍は奮起する。勝つにはどうすればいいか。答えは簡単。審判団を入れ替えることだ。むろんその良心に従って職権を行うのが判裁官だ。政府に迎合、黒を白と言いくるめる人物が最高裁判事に選ばれるはずはない。しかし、良心に従って結果的には政府に有利な説をとる人もいるし、その逆の人もいる。だから目立たぬように後者を外し、前者を起用していけばいい。この入れ替え理論は、佐藤内閣以来忠実に守られた。その効果は目をみはるほどで、四八年の全農林判決、ついで岩手県教組判決と、ホームタウンデシジョンに恵まれた選手のように、政府軍はにわかに息を吹き返す。今度の判決を意外だとする声が百八〇度変更のわりには少なかったのは、その延長線上にあるからだ。刑事罰の適用は、公企体の労働組合にとっては手痛いパンチだが、その打撃は最高裁自身にはね返る。現代の最高の賢人を集めた最高裁の判断も、時の権力の意思次第でいくらでも変えられていく、といった印象を一般にふりまいたことは、裁判の公正への信頼に少なからぬマイナスだ。[1]」と書いている。

権力は、常に自己の権力基盤の安定化・拡大をめざす。司法についても、その制度や裁判官の任用を通して、それを行っている。(裁判官の人事を中立的な第三者機関が行うことも必要である。) 参審制は、無作為に選ばれた市民が裁判に参加するから、権力の任用から自由な市民による裁判となり、より公正な裁判が期待できる。

私が民事事件の参審制を、と言うのは、現時では刑事裁判のいかんが権力の基盤を動揺させるということは少ないと考えられるから、政府も刑事裁判の参審制は容認するだろうが、民事裁判の結果は行政に大きな影響を及ぼす可能性が高いから、政府が民事裁判の参審制を拒むのは目に見えているからである。

司法改革が求められているのは、裁判に問題があるからである。一つは裁判に時間と費用がかかりすぎることである。この問題は、法曹人口の大幅増加によって改善されるであろう。

もう一つの大きな問題は、司法権の独立・裁判官の中立性に関わる問題である。「司法に市民感覚を」と言われるのは、裁判において、市民の判断とかけ離れた職業裁判官の判決が多々あるからである。「文は人なり」・「ペンは心の舌でござる（セルバンテス）」で、裁判の判決には、裁判官の思想・信条・人間性が表出される。裁判官の判決と市民の判断に隔たりがあるということは、全体的に言うと、裁判官の思想・信条・人間性と市民のそれに隔たりがあるということである。国民の司法への信頼がゆらいでいる原因はそこにある。司法権の独立・裁判の中立を確保するには、市民が直接裁判に参加するしかない。

そして、市民が参加する参審制の裁判は、刑事と民事にわたるものでなくてはならない。民事事件の裁判、判決に、裁判官の思想・信条・人間性がより色濃く出てくるからである。特に行政訴訟で、職業裁判官が行政寄りの判断を下しがちと批判が絶えない現実から、民事・行政訴訟の参審制が実現しないなら、司法権の独立・中立は確保できない。

裁判、しかも、あなた自身が選ばれて直接裁判を行わなければならないと言われると、たいていの人は尻ごみしてしまうであろう。私も、組合活動の故に退職強要をうけ裁判に関わらざるをえなくなった当初は、裁判は大変なものだと感じていた。しかし、二〇年近く裁判に関わった今は、裁判官の仕事は普通の能力を有する市民が真摯に取り組めば十分果たせるものだと、確信するようになった。市民の司法参加は、欧米各国では当然のこととされ、古代ギリシアの民主政治でも、裁判官の職は抽選で選ばれた市民が勤めたのである。

現行の裁判、職業裁判官の判決（判断）がどのようなものであるかを知り、市民であるあなたが裁判官であれば、どのような判決（判断）を下すか考えていただきたい。

次の三つの裁判は、私がこの二〇年もっとも関心をもって見つめてきた裁判である。

一つは、環境権をめぐる、「織田が浜埋立て反対訴訟」である。織田が浜は、愛媛県今治市にあり、埋立て前は幅六〇〜七〇m、全長一八〇〇mに及ぶ四国最大の白砂の自然海浜であった。一九八二年、今治市がこの浜を埋立て三万トン級の大型船岸壁を建設する方針を内定すると、住民は埋立て反対運動をおこし、「埋立ては瀬戸内海環境保全特別措置法と公有水面埋立法に違反する」と、工事への公金支出差し止めを求めて、一九八四年に訴えたのが「織田が浜埋立て反対訴訟」である。

もう一つは、「愛媛玉ぐし料訴訟」である。この裁判は、愛媛県が長年にわたり、靖国神社へ玉ぐし料と献灯料を、県護国神社へ県遺族会を通じて供物料をそれぞれ公費から支出したことは、「憲法の政教分離規定に違反する」として、住民が一九八二年に、当時の知事を相手に公費の返還を求めて訴えた裁判である。

三つ目は、私自身が関わった「S学園訴訟」である。この裁判は、新たに結成された教職員組合に対する学園理事者の組合弾圧を、香川県地方労働委員会が不当労働行為と認定し、救済命令を出したことに始まる。救済命令の内容は、学園の就業規則で禁ずる無許可ビラ（職場ニュース）配布を理由とした処分の撤回、担任はずしをした組合員を速やかに学級担任に復帰させること、組合員に退職勧奨することにより組合の運営に支配介入してはならない、という組合の主張を全面的に認めるものであった。この地方労働委員会の救済命令を不服として、学園が高松地方裁判所に、「命令の取り消し」を求めて提訴した裁判が、「S学園訴訟」である。

「織田が浜埋立て反対訴訟」は、幅六〇〜七〇m・全長一八〇〇mに及ぶ四国最大の白砂の海浜を、港湾建設のために埋立てることが、「瀬戸内海環境保全特別措置法（瀬戸内法）」、「公有水面埋立法」に照らして許されるかどうかが、争われた裁判である。この裁判は、他の二つの裁判と異なって、五回行われた裁判において、住民の基本的請求である「織田が浜埋立て差し止め」は一度も認められなかった。裁判官は、埋立てを合法と判断したわけである。裁判とは法に照らして事件を解決するものだから、この裁判については、とくに裁判の争点と関係する法律を詳細に検討する必要がある。

織田が浜は、一九七六年、建設大臣の許可を得て長さ一〇〇〇m、面積約九ヘクタールが「都市計画法」に基づく「東村海岸公園」に指定されていた。この海岸の前面は、瀬戸内海国立公園である。織田が浜については、埋立てが問題となった一九八四年七月三一日の衆議院環境委員会議で、環境庁水質保全局長が議員の質問に対して、「（前略）都市計画公園と指定を受けた理由が、本地域が非常に貴重な自然海浜である、確かに愛媛県の環境白書等を見ましても、干潟を伴わない代表的な砂浜海岸の事例といたしまして織田が浜がまず第一に揚げられているわけでございまして、愛媛県内においても貴重な自然海岸であろうと思うわけでございます。瀬戸内法全体を通じまして、自然海浜は保護すべきである、海水浴場としての利用があるかどうかというのはもちろん一つの重要な判断要素でございますけれども、自然海浜はあくまで守るべきであるという強い思想が瀬戸内法全体に貫かれているわけでございまして、私ども、このような強い瀬戸内法の要請と、それからもう一方、先ほど運輸省から御答弁のあったような事業の必要性、これにつきましては運輸省で非常に慎重にいろいろ検討いただいていると思うわけでございます。その調和をどう図るかということが課題ではないかというふうに考えておるわけでございますが、環境庁の立場から、瀬戸内法の精神をなるべく生かすように折衝に当たってまいりたい、かように考えておるわけでございます。(2)（後略）」と答え、また、「（前略）環境庁といたしまして、先生ただいま御指摘もございましたとおり、当然利用目的もチェックいたします。確かに、木材について言えば一般的に製造設備が過剰であるとか今後外材の原木輸入がどうなるかとか、政策論としていろいろ問題があるかと思いますが、それらの点につきましては、最終的にはそれぞれの所管官庁で責任を持って御判断をいただく限り、計画については地域の発展のための願望も込められていると思いますので、最終的にはそれらの判断に従いいたいと思います。しかしながら、守るべき海浜の性格は環境庁が判断すべき事柄でございまして、瀬戸内法上もわざわざ自然海浜保全地区という制度がございます。当織田が浜はそれには該当しておりませんけれども、私どもが調べたところでは、本来自然海浜保全地区に指定されるべきところであるにもかかわらず都市計画公園という指定を受けていたためにそれがなされなかったという経緯もあるようでございまして、そのような点から考えまして、仮に埋め立ての必要性について運輸省あるいは関係省庁の間でどうしてもこれは必要であるという判断が出た場合においても、この自然海浜を埋め立てることはできるだけ避けるべきである。私どもはかように考えているわけでございまして、そのような考え方で九日の港湾審議会を前に運輸省とも調整を図っていくつもりでございます。[3]（後略）」と答えているように、真にかけがえのない自然海浜だったのである。

一九八三年、今治市は、この織田が浜の地先海面約三四ヘクタールを埋立てて港湾を建設する「第三次港湾計画」を公表した。その内容は、東村海岸公園の約二分の一に当たる部分を埋立てて、三四ヘクタールの土地を造成し、三万トンの船が接岸できる港を作るとともに、工場用地を作るというものであった。市の説明では、貨物量の増加・船舶の大型化に対応できる港の必要性、建設残土等の廃棄物処理の必要性、地元企業の移転拡張用地の必要性から織田が浜の埋立てを行う、とされていた。

ところで、埋立ては、「公有水面埋立法」第四条に埋立て免許基準が定められているが、瀬戸内海における埋立てについては「瀬戸内法」一三条で特別の配慮が求められている。瀬戸内法は、一九七三年に、悪化する瀬戸内海の環境を保全するために、全会一致の議員立法「瀬戸内海環境保全臨時措置法」が制定され、七八年の改正により「特別措置法」となって恒久化された法律である。織田が浜訴訟は、港湾建設の埋立てが、「瀬戸内法」に違反するか否かが争われた裁判であるので、「瀬戸内法」を詳しくみてみなければならない。

「瀬戸内法」第一章は「総則」で、その第一条はその目的として、「この法律は、瀬戸内海の環境の保全上有効な施策の実施を推進するための瀬戸内海の環境の保全に関する計画の策定等に関し必要な事項を定めるとともに、特定施設の設置の規制、富栄養化による被害の発生の防止、自然海浜の保全等に関し特別の措置を講ずることにより、瀬戸内海の環境の保全を図ることを目的とする。」と定めている。

また第二章は、「瀬戸内海の環境の保全に関する計画」で、第三条「政府は、瀬戸内海が、わが国のみならず世界においても比類のない美しさを誇る景勝地として、また、国民にとっても貴重な漁業資源の宝庫として、その恵沢を国民がひとしく享受し、後代の国民に継承すべきものであることにかんがみ、瀬戸内海の環境の保全上有効な施策の実施を推進するため、瀬戸内海の水質の保全、自然景観の保全等に関し、瀬戸内海の環境の保全に関する基本となるべき計画を策定しなければならない。」としている。

第三章は、「瀬戸内海の環境の保全に関する特別の措置」とし、第三節に「自然海浜の保全等」と定め、第一二条の七で「関係府県は、条例で定めるところにより、瀬戸内海の海浜地及びこれに面する海面のうち次の各号に該当する区域を自然海浜保全地区として指定することができる。

一　水際線付近において砂浜・岩礁その他これらに類する自然の状態が維持されているもの

二　海水浴、潮干狩りその他これらに類する用に公衆に利用されており、将来にわたってその利用が行われることが適当であると認められるもの」、第一二条の八で「関係府県は、条例で定めるところにより、自然海浜保全地区内において工作物の新築、土地の形質の変更、鉱物の掘採、土石の採取その他の行為をしようとする者に必要な届出をさせ、当該届出をした者に対して自然海浜保全地区の保全及び適正な利用のため必要な勧告又は助言をすることができる。」と定め、さらに「埋立等についての特別の配慮」として、第一三条「関係府県知事は、瀬戸内海における公有水面埋立法第二条第一項の免許又は同法第四十二条第一項の承認については、第三条第一項の瀬戸内海の特殊性につき十分配慮しなければならない。前項の規定の運用についての基本的な方針に関しては、瀬戸内海環境保全審議会において調査審議するものとする。」と定めているこの瀬戸内法一三条に基づいて瀬戸内海環境保全審議会は、「瀬戸内海環境保全臨時措置法第一三条第一項の埋立てについての規定の運用に関する基本方針について」と答申した。答申は、「当審議会としては、瀬戸内海の環境の一層の悪化を防止するため瀬戸内海環境保全臨時措置法が全会一致の議員立法として制定された経緯にもかんがみ、瀬戸内海における埋立は厳に抑制すべきであると考えており、やむを得ず認める場合においてもこの観点にたって基本方針が運用されるべきであると考えていることをこの際特に強調しておくものである。」と前置し、瀬戸内海における埋立法二条一項の免許又は同法四二条一項の承認にあたって配慮すべきことを確認する事項として「埋立てによる隣接海岸への影響の度合が軽微であること」及び「埋立てそのものの海水浴場等の利用に与える影響が軽微であること」をあげている。

また、「次の海域については、次に示している留意事項（公害防止・環境保全に資するもの、水質汚濁防止法による特定施設を設置しないもの又は、汚濁負荷量の小さいもの）に適合しない埋立てはできるだけさけるように配慮する」とし、その海域として燧灘のうち愛媛県側（愛媛県川之江市川之江町余木崎から、愛媛県越智郡波方町大角鼻突端に至る陸岸の地先の海域）をあげている。織田が浜は、この海域に位置する。

一九八三年、今治市はこの織田が浜を、今治港の貨物量が一九七三年をピークに減少し八一年完成の新貨物港に十分な余裕があったにもかかわらず、三四ヘクタール埋立てる計画を発表した。この埋立ては、渚の辺で約六九〇m、沖に五八五m突出するものであった。この今治市の第三次港湾計画について、一九八四年八月九日の中央港湾審議会は、「計画はおおむね了承できるが富田地区の計画（織田が浜の埋立て計画）については海浜保存の見地からさらに検討されたい」と答申し、織田が浜埋立て計画の変更を求めた。これに対し今治市は、埋立て地の形状・規模は従来通りで、埋立て位置を北西に約二〇〇mずらせる変更計画を出し、環境庁も異論を唱えることなく、一〇月一九日の地方港湾審議会、一二月六日の中央港湾審議会でそれぞれ承認された。

織田が浜埋立て反対訴訟は、一九八四年三月三日、松山地方裁判所に訴状が出されて始まった。訴状の要旨を以下に記す。請求の趣旨は、「今治市長は、今治市が計画している東村海岸公園地先の埋立のために公金を支出してはならない。」[4]であり、請求の原因として、「一、織田が浜は今治市にある白砂の海岸であり、その中央部延長一・一キロ面積九・三ヘクタールは都市計画公園「東村海岸公園」に指定されている。また地先の海面は、瀬戸内海国立公園に指定されている。原告らは、昭和四四年、四六年の二度にわたり織田が浜を公園に指定してその自然環境を保全するよう市に請願をした。その結果市は織田が浜を都市計画公園に指定し、自然環境を生かして海岸利用の公園を作ることにし、その旨愛媛県知事に申請した。昭和五一年九月知事は、織田が浜を都市計画公園「東村海岸」に指定した。東村海岸公園は海水浴等の利用に供されており、市でもここを海水浴場として望ましい所としている。五八年夏の調査によれば、約一五万人の利用者があった。

（二、略）

三、本件埋立は公有水面埋立法及び瀬戸内海環境保全特別措置法（瀬戸内法）に反し違法である。公有水面埋立法は埋立の手続、埋立免許の基準等を定めた法律であり、昭和四八年に改正され埋立免許の基準が新設された。このため昭和四八年以降は埋立は厳しく制限されている。瀬戸内法は瀬戸内海の環境を保全するために作られた法律であり、瀬戸内海における埋立は他の地域に比べてより厳しく制限されている。

1瀬戸内法一三条違反

瀬戸内法一三条は瀬戸内海における埋立について特別の配慮を要求しており、配慮すべき事項として「埋立による隣接海岸への影響が軽微であること」が掲げられている。本件埋立により、残された浜への砂の供給はなくなり、砂浜の減少消滅のおそれがあり、その影響は到底軽微とは言えない。従って本件埋立は瀬戸内法一三条の配慮義務に反し違法である。

2公有水面埋立法四条違反

公有水面埋立法四条は、埋立免許の基準として埋立が国又は地方公共団体の計画に違背してはならないことを要求している。愛媛県では瀬戸内法四条に基づき「瀬戸内海の環境保全に関する愛媛県計画が作られており、この中に「県下の貴重な自然海浜が都市計画法に基づく指定地区（都市計画公園）に指定されているので、これらの地区の自然海浜を保全する」ということが定められている。東村海岸公園は都市計画法に基づく都市計画公園であり、この計画は東村海岸公園の自然海浜を保全することをその内容としているのである。本件埋立はこの計画内容と明らかに矛盾し、公有水面埋立法四条に反し違法である。[5]」と主張した、一方、被告の今治市は、「原告らの請求をいずれも棄却する」ことを求め、裁判となった。

一審松山地裁判決（一九八八年一一月二日）は、「原告らの請求をいずれも棄却する」というものだった。理由として、「住民訴訟は、財務会計上の行為又は怠る事実に違法があるかどうかの点に限られ、財務会計上の行為の差止めを求める請求において、その差止めが認められるのは、原則として当該財務会計上の行為自体に固有の違法がある場合に限られると考えるのが合理的である。（中略）

しかし、公金支出の原因となる非財務会計上の行為に重大かつ明白な違法がある場合には、支出自体に固有の違法性は認められないときでも差止めが許されると解すべきである[6]」とし、「本件公金支出の差止めが認められるのは、本件埋立てに重大かつ明白な違法がある場合に限られることになる。[7]」として、本件埋立ての違法性を検討している。

判決は、「瀬戸内法は、瀬戸内海の自然海浜については、極力埋立てを抑制し、できる限りその自然状態を保全すべきことを求めているものといってよい。しかしながら、瀬戸内法は、瀬戸内海における埋立てを完全に禁止しているというわけではない。」[8]また、自然海浜保全地区制度も、「自然海浜保全地区において今後も埋立てが行われることを前提とした制度である」[9]と判じ、そして、「富田地区の埋立てが行われると織田が浜への北西からの砂の供給が阻止されてしまい、織田が浜の浸食が進み、数十年後には、織田が浜が少なくとも部分的には（特に埋立地に近接した部分ほど）消失してしまうことも十分に考えられる。」[10]また、海水浴に与える影響も、「現在遊泳可能な海岸のうち優に三分の一以上の海岸が本件埋立てによって失われることは、動かし難い事実である。」[11]と判断し、「本件埋立免許部分が違法である旨の原告らの主張には、傾聴すべき点が多いということができる。しかしながら、仮に本件埋立免許部分が原告等の主張するとおりの理由により違法なものであったとしても、その違法を重大かつ明白なものとすることはできない。」[12]とし、

違法の重大性とは、「その違法がとても行政機関の責任ある判断とはいえない程度にまで著しいもの」[13]、また違法の明白性とは、「その違法が専門的知識を有しない通常人にとっても容易に認識できるほどに明白」[14]なことと判じて、本件埋立てが「仮に原告らの主張のとおりの理由により違法なものであったとしても、その違法を重大かつ明白なものとすることはできない。」[15]として、「本件公金支出の差止めを根拠付けるだけの違法はない」[16]と結論し、住民の請求を棄

却した。

控訴審高松高裁判決（一九九一・五・三一）は、「一、原判決（一審判決）を取り消す。二、一審原告らの訴えを却下する。[17]」ものであった。その理由は、「一審原告らの本件訴えは、差し止めるべき財務会計上の行為につき特定がなく、争訟性に欠けるので、不適法として、却下を免れない。[18]」とした。

さらに、「本件訴訟で、本件埋立免許が違法であるとする基本的な権利として、一審原告らのいう環境権は、権利を宣言する憲法上の基本規定はあるが、それを具体的に実現すべき実定法がなく救済を求める根拠となる法律条項がない場合の救済申立に当たるので、この点から考察する。[19]」として、「例えば憲法二五条に基づく環境権と法律構成して実定法に定めのない分野の権利侵害を理由に住民がその救済を求める場合、憲法上その第一次的（本来的）な責任は、それを具体的に実現する法律等を制定する立法機関、現行法の運用によりそれを実現すべき行政機関にあり、裁判所は事後的、補充的な責任を負うのにすぎないから、その訴訟を提起するには、次の手続を前置する必要がある。すなわち、高度に政治的、政策的な問題に関する住民の意見の表明は、まずその基本となるべき法律等の制定が前提となるから、立法機関に対してその意見を取入れた法律（具体的には、自然環境保全法、瀬戸内法、港湾法の一部改正等）の制定を請願し、議員、行政庁の長の選挙に際し自己の主義主張に合う人を選出する方法によるべきものであり、後続の行政処分に関する住民の意見の表明は、関係公聴会での意見陳述、関係行政庁に対する陳情等によるべきであり、その関係機関がその結果その問題点を認識しながら、その適正な是正・救済処置をせず、依然自然環境保全の権利侵害が続いている場合、住民は自己を含む公共の利益維持のため、補充的に法的側面からその判断を裁判所に求めることができる。しかし、そのような手続を現実に前置しない限り、未だ裁判所にその救済を求めるのに適せず、その争訟性がなく、裁判所の審理の対象とはならないものと解するのが相当である。本件では、一審原告らにつき右要件が充足されたとの事実を認められる的確な証拠がないから、一審原告らの本件訴えは争訟性を欠くものである。[20]」とした。

判決は、「住民訴訟としての適格性」のみについて判断し、「埋立ての是非」については触れず、住民の訴えを「門前払い」にしたのである。

上告審最高裁判決（一九九三・九・七）は、「原判決（高裁判決）中上告人らに関する部分を破棄する。右部分につき本件を高松高等裁判所に差し戻す。[21]」というものだった。

理由は、「地方自治法二四二条の二第一項一号の規定による住民訴訟の制度は、普通地方公共団体の執行機関又は職員による同法二四二条一項所定の財務会計上の違法な行為を予防するため、一定の要件の下に、住民に対し当該行為の全部又は一部の事前の差止めを裁判所に請求する権能を与え、もって地方財務行政の適正な運営を確保することを目的としたものである。このような事前の差止請求において、複数の行為を包括的にとらえて差止請求の対象とする場合、その一つ一つの行為を他の行為と区別して特定し認定することができるように個別、具体的に摘示することまでが常に必要とされるものではない。この場合においては、差止請求の対象となる行為とそうでない行為とが識別できる程度に特定されていることが必要であることはいうまでもないが、事前の差止請求にあっては、当該行為の適否の判断のほか、さらに、当該行為が行われることが相当の確実性をもって予測されるか否かの点及び当該行為により当該普通地方公共団体に回復の困難な損害を生ずるおそれがあるか否かの点に対する判断が必要となることからすれば、これらの点について判断することが可能な程度に、その対象となる行為の範囲等が特定されていることが必要であり、かつ、これをもって足りるものというべきである。[22]」

　また、「住民訴訟の制度を地方自治体が認めていることからして、本件訴えが争訟性を欠き不適当なものであるとすることができないことは明らかである。」とし、「上告人らの本件訴えを不適当として却下した原判決には、法令の解釈適用を誤った違法があり、右違法は判決に影響を及ぼすことが明らかであるから、論旨には理由がある。よって、原判決中上告人らに関する部分を破棄し、右部分につき本件を原審に差し戻すこととする。[24]」と判断し、二審の「門前払い判決」を破棄し、審理を差し戻す、と判決した。

差戻し控訴審高松高裁判決（一九九四年六月二四日）は、「一審原告らの本件控訴を棄却する。[25]」とした。理由として、瀬戸内法に関しては、「瀬戸内法一三条一項は、瀬戸内海における埋立法二条一項の埋立免許又は同法四二条一項の埋立承認について特別の配慮義務を定め、瀬戸内法一三条二項がその運用についての基本的な方針について調査審議を定め、それらに準拠して基本方針が策定されているが、その趣旨・目的は、当時の瀬戸内海の情況及び立法経過等に鑑みると、基本方針が、単に瀬戸内法一三条一項の一般的な運用指針ないし関係官庁等に対する努力目標として策定されたものではなくして、瀬戸内海の特殊性につき厳密な考慮を課するべく、基本方針の定める配慮事項は当該埋立の免許又は承認を与える場合の具体的な審査基準となることを宣明しようとしているものであり、したがって、そこには一般的な自由裁量の余地はないものと解される。なお、基本方針の定める配慮事項は当該埋立免許等の付与についてその全てを具有することが必要であることは、右の点から当然である。

これを、本件について一審原告らの主張に沿って考えてみると、前判示のとおり、基本方針は、『埋立てによる潮流の変化がもたらす水質の悪化の度合及び異常堆砂・異常洗掘等による隣接海岸への影響の度合が軽微であること』（基本方針1（1）ハ）並びに『埋立てそのものの海水浴場等の利用に与える影響が軽微であること』（同２（２）ロ）を埋立ての免許又は承認に当たっての配慮義務と規定しているが、これらはいずれも埋立の免許又は承認付与の審査基準として十分具体性のあるものであり、埋立免許権者は、当該埋立について『度合が軽微』又は『影響が軽微』であることに羈束され、これらの確認をする義務を負い、その軽微であるか否かは字義に照らし一般的な経験則に基づき客観的に判断されるべく、本件埋立の必要性ないし公共性の多寡によって結論が左右されるものではない。（もっとも、本件埋立についてその必要性ないし公共性が全く認められないときは、仮にその『度合又は影響が軽微』であっても免許の付与等がなされないこととなろうが、これは前段所述と異なる別個の問題である。）そして、通例、その変化が基本的部分ないし構造的本体に消長を来さない内容程度のものをもって軽微と考えるのが相当である。[26]」と前置き、

本件埋立ては、「右に検討したとおり、織田が浜の砂浜には、変化はあっても比較的小さなものであって、本件埋立による影響の度合は軽微なものと推断するに難くはない。そして、いま仮に、将来において、侵食等により織田が浜の砂の量が一層の減少傾向を示したとしても（ただし、その減少の程度は僅少と予想される。）原審証人田中則男の証言によると、砂浜の量が減少した場合、砂の搬入による補充のほか、沖合の方に海岸に並行した背を造り波浪を減殺して砂を安定させること、あるいは海岸から突堤を出して海岸漂砂が汀線にそって並行移動する

ことを阻止すること等、砂の量の減少を防止する種々の技術的方法があることが認められるから、これらの技術的方法を駆使すれば、砂の量の逓減傾向を防止し、砂浜の保全は十分可能であることができる。

そうすると、本件埋立が隣接海岸である織田が浜に与える影響の度合は軽微なものというべく、これに反する、基本方針1（1）ハの『埋立てによる潮流の変化がもたらす水質の悪化の度合及び以上《(マヽ)》堆砂・異状洗掘等による隣接海岸への影響の度合が軽微であること』との基準を満たしていないという、一審原告らの主張は、理由がないものといわねばならない。[27]」と判じ、海水浴については、

「本件埋立により織田が浜の遊泳可能区域が従前の延長約一〇〇〇ｍから延長約五八〇ｍに減少することが認められる。そうすると、織田が浜における海水浴のみを取り上げると、本件埋立によりその利用の程度が約四割圧縮されることは外形事実上明らかであるから、その点においては、一審原告らが主張するとおり本件埋立の海水浴に与える影響が重大であるともいい得ないことはない。[28]」

「確かに、物理的には本件埋立により海水浴場は減少するものの、海水浴利用者の数からみればなお余裕があるのみならず、付近には広大かつより快適な海水浴場が控えており、その利用も容易であるうえ、本件埋立の対象たる海面は、本来海水浴場としての適性が劣るところで

あってみれば、本件埋立が海水浴場等の利用に与える影響は軽微であるというべきであり、したがって、基本的方針2（2）ロの『埋立てそのものの海水浴利用に与える影響が軽微であること』との基準を満たしていないという、一審原告らの主張は、理由がないものといわねばならない。[29]」と判断した。

公有水面埋立法に関しては、「織田が浜は、古くから拓けた花崗岩砂を組成とする白砂の自然海岸で、そのうち延長約一・一㎞の東村海岸公園は都市計画公園に、その地先海面は瀬戸内海国立公園にそれぞれ指定されていること及び織田が浜が、付近住民を中心に快適な自然海浜として、長年にわたり、四季を通じて、魚つり・海水浴・キャンプ及び宗教的行事等に利用されてきたことが認められ、すると、織田が浜は、住民の生活とも関わりの深い、保全することが望ましい瀬戸内海における自然海浜の一であることは否定できないところである。[30]」としながら、

「本件埋立は今治港の拡張として既設の港湾に継続してなされるものであって、自然海浜の重要な中央部分に港湾施設等を新設するというようなものではないから、本来、その埋立及び埋立後の土地利用が周囲の自然環境に及ぼす影響は少ない（特に、名勝等を破壊するものではない。）ものであるといいうる。[31]」と判じ、

「自然海浜をできるだけ保全しようとする瀬戸内法の趣旨及び目的を十分考慮しても、本件

埋立が『国土利用上適正かつ合理的』であるとの一審被告の判断は相当であって、埋立免許権者に与えられた裁量権行使に逸脱があり、その限度を超えたものとは到底認められず、したがって、一審原告からの埋立法四条一項一号違反の主張は理由がない。[32]」とした。そして、「一審原告らの本訴請求を棄却した原判決は結論において相当であり、本件控訴は理由がないからこれを棄却[33]」した。

最高裁上告棄却判決（一九九五年七月一七日）は、「原審の適法に確定した事実関係の下においては、本件埋立免許及び本件埋立てに違法がなく、本件公金支出にも違法がないとした原審の判断は、正当として是認することができ、その過程に所論の違法はない。[34]」として、住民側の上告を棄却した。

常識で判断すれば、「織田が浜の埋立ては瀬戸内法等に違反する違反行為」となるであろう。本来なら、法治国家の行政は瀬戸内海の環境保全を立法趣旨として全会一致の議員立法として制定された瀬戸内法の下で、全長一八〇〇m幅六〇〜七〇mに及ぶ四国最大の白砂の自然海浜を三四ヘクタールも埋立てるようなことは、あえて行わないはずである。国民の意思を代表する国会が制定した法に従って、行政を行うことが法治主義である（法治主義は、近代民主政治の基本原理）。しかし、行政機関（国や地方公共団体）も誤りを犯すことがある。それをチェックし、正すために権力分立の制度が設けられている。裁判所は行政府をチェックすることによって、国民の人権を守る役割を担っている。

「アメリカでは、住民が自治体に開発計画の撤回の裁判を起こせば判決まで開発はストップされるのに日本では平気で着工される[35]（世界環境保護連合環境計画委員会委員ハーヴィ・ジャピローさんの言葉）」のは、日本の行政は誤りを犯さないという前提か、裁判所は行政訴訟で必ず行政側勝利の判決を下すという前提がなければ出来ないことである。大日本帝国憲法下、現人神なる天皇の行政機関は誤りを犯すことはないとされたが、人間の組織である現代の行政機関は法を違えることもある。そうであれば、行政の開発計画に反対する裁判が起こされた時点で開発をストップし、裁判の結果を待つのが理にかなったことである。

二審高松高裁の門前払い判決は話にもならないが、一審松山地裁判決の「本件埋立てが仮に原告らの主張のとおりの理由により違法なものであったとしても、その違法を重大かつ明白なものとすることはできない」とする判断・また差戻し控訴審高松高裁判決の「本件埋立は今治港の拡張として既設の港湾に接続してなされるものであって、自然海浜の重要な中央部分に港湾施設等を新設するというようなものではないから、本来、その埋立及び埋立後の土地利用が周囲の自然環境に及ぼす影響は少ない（特に、名勝等を破壊するものではない。）ものであるといいうる。」とする判断、そして、その判決を支持した最高裁の判断は、「織田が浜の埋立ては瀬戸内法等に違反する違法行為」と考える私の判断とは大きく異なる。裁判を報ずるマスコミの論調も、裁判所の判断を批判するものであった。参審制でこの裁判が行われていたら、判決は間違いなく異なっていたろうと思う。

裁判中、続けられた織田が浜の埋立て工事は、一九九五年六月六日、総工費百七十五億円をかけて完了し、七月十七日に最高裁は住民側敗訴の判決を下したのであった。住民の反対を押し切って作った港に、三万トンの船が入港したのは、一九九七年、九八年の二年間でわずか八回であったと、織田が浜を守る会は報告している。(36)

愛媛玉ぐし料訴訟は、愛媛県が靖国神社と県護国神社へ玉ぐし料や供物料等の名目で公金を支出したことが政教分離を定めた憲法に違反するとして、住民が支出金十六万六千円の返還を求めておこした裁判である。

被告の愛媛県知事は、在任中の一九八一年から八六年の間に、靖国神社に対して春秋の例大祭に玉ぐし料として各五千円ずつ九回・毎年夏のみたま祭に献灯料として七千円一回、八千円ずつ三回を、愛媛県護国神社に対し毎年春秋の慰霊大祭に供物料として一万円ずつ九回(合計二二回にわたり一六万六千円)支出した。

原告住民は、「この公金の支出はいずれも愛媛県が宗教団体である靖国神社又は県護国神社に対し、これらの神社が神道の祭式に則って行う各祭祀に際し、玉ぐし料・献灯料・供物料といった神道に固有の宗教上の名目で公金を支出したものであるから、このことによって県が宗教的活動を行い、宗教団体に公金を支出したことになるのは明らかである。したがって、右の各支出は憲法二〇条三項及び八九条に違反する違法な支出である。[37]」と主張した。

これに対して、被告の知事らは、「靖国神社及び県遺族会に対する各支出は、被告らの意識においても一般県民の意識においても、その宗教的意義はほとんど意識されず、単に戦没者の慰霊及び遺族の慰藉という世俗的な目的のために行われたものであり、その方式及び金額からみても、戦没者追悼に際して世間一般に行われている慣習化した社会的世俗的儀礼の範囲内において行われたものであって、特定の宗教を援助、助長、促進したり、他の宗教を圧迫、干渉したりする効果を持つものではないから、本件支出は憲法二〇条三項、八九条に違反するものではない。[38]」と主張した。

憲法第二〇条、八九条条文は次のとおりである。

第二〇条〔信教の自由〕①信教の自由は、何人に対してもこれを保障する。いかなる宗教団体も、国から特権を受け、又は政治上の権力を行使してはならない。②何人も、宗教上の行為、祝典、儀式又は行事に参加することを強制されない。③国及びその機関は、宗教教育その他いかなる宗教的活動もしてはならない。

第八九条〔公の財産の支出利用の制限〕公金その他の公の財産は、宗教上の組織若しくは団体の使用、便益若しくは維持のため、又は公の支配に属しない慈善、教育若しくは博愛の事業に対し、これを支出し、又はその利用に供してはならない。

一審松山地裁判決は、「愛媛県が靖国神社及び護国神社に対して玉ぐし料等の名目で公金を支出したことは憲法二〇条三項に違反する。[39]」として、県知事の職にあった者に対して返還することを命令した。[40] 判決は理由として、「旧憲法においても、信教の自由を保障する規定は設けられていたが（同法二八条）、その保障には『安寧秩序ヲ妨ケス及臣民タルノ義務ニ背カサル限ニ於テ』という制限が付されていたばかりでなく、神社神道に事実上国教的な地位が与えられていたため、旧憲法の下における信教の自由の保障は不完全なものであることを免れなかった。すなわち、明治維新後、国の手によって、皇室の祖先神である天照大神を祭る伊勢神宮を本宗とした全神社の再編成が行われるとともに、宮中祭祀を基準とした神社の祭式（祭祀の式次第）の統一が図られ、神社神道は、皇室の祖先たる神々を祭る営みとして、他の宗教とは別格のものとして取り扱われることになった。その結果、神社は国家の公的施設として取り扱われ、官幣社、国幣社（いずれも大社、中社、小社の三等がある。）等の格付けがなされて官弊社や国弊社の経費は宮内省や国庫から支出され、また、その職員たる神官・神職には官吏としての地位が与えられた。このように神社神道に対し事実上国教的な地位が与えられたいわゆる国家神道体制の下においては、『神社は宗教にあらず。』という考え方や、「神社へ参拝することは『臣民タルノ義務』である。』という考え方などを背景として、国民に対し神社に対する拝礼が強要されたり、国家神道と矛盾する要素を持つ宗教は、国家の安寧秩序を妨げるものとして信教の自由の保障を受けず、これらの宗教に対し厳しい迫害が加えられたりした。このような国家神道体制の下において、靖国神社は、護国の英霊（戦没者の美称）を祭った神社として重要視され、右体制の中核を担う神社の一つとして機能していた。[41]」

とし、また、「一般の宗教団体と全く同様の組織となった靖国神社ではあったが、昭和二七年に日本遺族厚生連盟（財団法人日本遺族会の前身）が靖国神社において行われる慰霊行事の費用は国費をもって支弁するよう決議してその旨を政府や国会に要望し、昭和三一年には日本遺族会が靖国神社の国家護持を決議するなど、昭和三〇年前後から、靖国神社を一般の宗教法人でない特殊な公法人として国の監督の下に置き、国費をもってこれを維持運営すべきであるとする靖国神社国家護持の運動が起こり、日本遺族会、自由民主党、衆議院法制局などによって法案要綱、意見書等が公にされ、これらの経緯を経て、昭和四四年には、靖国神社の国家護持を定めた靖国神社法案が自由民主党の議員立法として国会に提出されるに至った。靖国神社の側でも、このような運動を支持し、右法案の提出に先立ち、靖国神社国家護持に関する法案の提出に賛意を表し、法律制定の暁にはすすんで宗教法人を離脱して特殊法人に移行する手続をとる決意がある旨の声明を発表している。右法案は、その後も昭和四八年まで毎年国会に提出されたが、その都度廃案になっている。靖国神社国家護持の運動を推進した団体は、その後、靖国神社法の成立を最終目標とはするものの、差し当たっては、（1）天皇や政府関係者の公式参拝、（2）外国使節の公式表敬、（3）自衛隊儀仗兵の参列・参拝等を内容としたいわゆる表敬法案推進の方向に当面の方針を転換し、昭和五〇年以降は靖国神社法案は国会に上程されていない。このような動きと時期を同じくして、昭和五〇年八月一五日のいわゆる終戦記念日に、当時の内閣総理大臣三木武夫が、私人としての資格であることを明らかにして靖国神社に参拝して以来、いわゆる靖国神社公式参拝の是非が国民の間で討議されるようになっているのが、靖国神社をめぐる現在の政治的情勢である。(42)」

と判断し、

「本件玉串料等の支出は、支出者側の主観的意図としては、愛媛県出身の戦没者に対する慰霊とその遺族に対する慰藉を目的として行われたものと認められる。しかし、右戦没者のほとんどが靖国神社に祭神として祭られているのであるから、そしてまた、靖国神社における春秋の例大祭及びみたま祭は、同神社がその祭神を祭るうえで重要な意義を有する祭祀なのであるから、このような祭祀が行われるのに祭し、靖国神社からの案内に応じ、玉串料又は献灯料といった本来その祭祀に参加する行為と密接な関連を有する名目で公金を支出する、という形で戦没者の霊を慰めるということは、戦没者の霊を慰めるという面のほかに、一宗教団体である靖国神社の祭神そのものに対して畏敬崇拝の念を表するという一面が、どうしても含まれてこざるを得ないのである。[43]」とし、「本件玉串料等の支出の目的が宗教的意義をもつことを否定することはできない。[44]」

とした上で、

「このように考えてくると、本件玉串料等の支出は、愛媛県と靖国神社との結び付きに関する象徴としての役割を果たしていると見ることができる。したがって、本件玉串料等の支出は、経済的な側面から見ると、靖国神社の宗教活動を援助、助長、促進するものとまではいえなくとも、精神的側面から見ると、右の象徴的な役割の結果として靖国神社の宗教活動を援助、助長、促進する効果を有するものということができる。

以上検討してきたところによれば、本件玉串料等の支出は、その目的が宗教的意義をもつことを否定できないばかりでなく、その効果が靖国神社の宗教活動を援助、助長、促進することになるものであって、右支出によって生じる愛媛県と靖国神社との結び付きは、我が国の文化的・社会的諸条件に照らして考えるとき、もはや相当とされる限度を超えているものというべきである。したがって、本件玉串料等の支出を行うことは、憲法二〇条三項の禁止する宗教的活動に当たるものというほかはない。[45]」とし、「以上によれば、本件玉串料等の支出を行うことには、憲法二〇条三項の禁止する宗教活動に当たるものというべきであって、その余の点につき判断するまでもなく、右支出は違法なものといわなければならない。[46]」と判じた。

同様に、護国神社に対する供物料の支出も憲法の禁止する宗教的活動に当たるとして、違法なもの[47]、と判断した。

控訴審高松高裁判決（一九九二年五月一二日）は、「玉ぐし料公費支出は合憲」との判断を下した。

理由は、「一審被告白石の玉串料等の支出行為は、神道上の宗教的な意義を持つけれども、その行為の場所が靖国神社等が主催した春、秋の例大祭、夏のみたま祭、護国神社の春、秋の慰霊大祭という限定されて数少なく我が国で一般に行われる死者の慰霊の季節である彼岸、盆などに合わせこれと同趣旨の祭の際に行われ、

一般人にとって、神社に参拝する際に玉串料を支出することは過大でない限り社会的儀礼として受容されるという宗教的評価がされており、

一審被告白石の意図、目的は、同一審被告の知事選出の際の支持団体の一つである県遺族会

の会長として、その団体から靖国神社等に合祀されている軍人、軍属等の戦没者の慰霊のため支出して欲しい旨の要請がありそれに応えて、遺族援護行政の一環として、その行政法規の根拠に基づき、支出したものであり、

第二次大戦中の靖国神社等は国家行政組織の一部であり神職に携わるものが官公吏でその任免権を国家が有し、国家予算の中からその維持管理費用を支出していたが、終戦後の憲法の基本的大改正に従い、靖国神社等のそのような法的地位、法律関係が全て消滅し、その後国家護持運動者らが靖国神社の法的地位、法律関係につき第二次大戦中と同様な法的地位、法律関係の復活を求める請願をし、その要望をかなり取入れた靖国神社法案が昭和四四年六月から昭和四六年五月までの間三度にわたり国会に提出され審議されたがいずれも廃案となり、国民の大多数の意思が、そのような法的地位、法律関係を望まないものとして確定され、従って又、この点から考えても、一審被告白石の意図がこのような靖国神社等の第二次大戦中と同一の法的地位、法律関係の復活を目的としてしたものとはいえず、

一審被告白石の宗教的意識は一般人が他の神社に対し支出するのと同程度の個人的な祈願すなわち主として次期の愛媛県知事への再当選を祈願するのにすぎず、それ以上に神道の深い宗教心に基づくものではなく、

その支出の程度は、本件で問題とされた知事在任中の昭和五六年四月二二日ころから昭和

六一年一〇月九日ころまでの間に（一）靖国神社に対し玉串料として五千円ずつ九回、献灯料として七千円一回、八千円ずつ三回、（二）護国神社に対し供物料として一万円ずつ九回、合計二二回、一六万六千円である。その額は、第二次大戦中の靖国神社等に対する国家財政による負担とは比較すべくもない少額であることはもとより、その支出当時においても靖国神社等の玉串料等の総額に対比して観ると、極めて零細な額であって、一般人と同程度のものということができ、社会的な儀礼の程度に止まっており、

その行為が一般人に与える効果、影響については前記のような靖国神社等の第二次大戦中の法的地位、法律関係の消滅に伴い、一審被告らの玉串料等の支出が、その法的地位、法律関係の復活、国家機関による神道の援助助長について特別の関心、気風を呼び起こしたりすることは考え難いといわざるをえず、

これらの事情及び前記の諸般の事情を総合考慮の上、社会通念に従って、客観的に判断すれば、一審被告白石の玉串料等の支出は、特定の宗教である神社神道への関心を呼び起こし、これに対する援助、助長、促進又は他の宗教に対する圧迫、干渉等になるような、憲法二〇条三項で禁止する国家機関による宗教的活動には当たらないと解するのが相当である。(48)」

とし、玉ぐし料の公費支出を合憲とした。

上告審最高裁判決（一九九七年四月二日）は、一三対二という圧倒的多数で、玉串料等の公

費支出を憲法違反とした。

判決理由で、一審・二審判決を、「第一審は、本件支出は、その目的が宗教的意義を持つことを否定することができないばかりでなく、その効果が靖國神社又は護國神社の宗教活動を援助、助長、促進することになるものであって、本件支出によって生ずる県と靖國神社及び護國神社との結び付きは、我が国の文化的・社会的諸条件に照らして考えるとき、もはや相当とされる限度を超えるものであるから、憲法二〇条三項の禁止する宗教的活動に当たり、違法なものといわなければならないと判断した。

これに対して　原審は、本件支出は宗教的な意義を持つが、一般人にとって神社に参拝する際に玉串料等を支出することは過大でない限り社会的儀礼として受容されるという宗教的評価がされており、知事は、遺族援護行政の一環として本件支出をしたものであって、それ以外の意図、目的や深い宗教心に基づいてこれをしたものではないし、その支出の程度は、少額で社会的な儀礼の程度にとどまっており、その行為が一般人に与える効果、影響は、靖國神社等の第二次大戦中の法的地位の復活や神道の援助、助長についての特別の関心、気風を呼び起こしたりするものではなく、これらによれば、本件支出は、神道に対する援助、助長、促進又は他の宗教に対する圧迫、干渉等になるようなものではないから、憲法二〇条三項、八九条に違反しないと判断した。[49]」

と要約し、「本件支出の違法性に関する当裁判所の判断」として、「原審の右判断は是認することが出来ない。その理由は以下のとおりである。[50]」と述べ、

「一般に、政教分離原則とは、国家（地方公共団体を含む。以下同じ。）は宗教そのものに干渉すべきではないとする、国家の非宗教性ないし宗教的中立性を意味するものとされているところ、国家と宗教との関係には、それぞれの国の歴史的・社会的条件によって異なるものがある。我が国では、大日本帝国憲法に信教の自由を保障する規定（二八条）を設けていたものの、その保障は、『安寧秩序を妨ケス臣民タルノ義務ニ背カサル限ニ於テ』という同条自体の制限を伴っていたばかりでなく、国家神道に対し事実上国教的な地位が与えられ、ときとして、それに対する信仰が要請され、あるいは一部の宗教団体に対し厳しい迫害が加えられた等のこともあって、同憲法の下における信教の自由の保障は不完全なものであることを免れなかった。憲法は、明治維新以降国家と神道が密接に結び付き右のような種々の弊害を生じたことにかんがみ、新たに信教の自由を無条件に保障することとし、更にその保障を一層確実なものとするため、政教分離規定を設けるに至ったのである。元来、わが国においては、各種の宗教が多元的、重層的に発達、併存してきているのであって、このような宗教事情の下で信教の自由を確実に実現するためには、単に信教の自由を無条件に保障するのみでは足りず、国家といかなる宗教との結び付きをも排除するため、政教分離規定を設ける必要性が大であった。これらの点にか

んがみると、憲法は、政教分離規定を設けるに当たり、国家と宗教との完全な分離を理想とし、国家の非宗教性ないし、宗教的中立性を確保しようとしたものと解すべきである。[51]」とし、

「県が本件玉串料等を靖國神社又護國神社に前記のとおり奉納したことは、その目的が宗教的意義を持つことを免れず、その効果が特定の宗教に対する援助、助長、促進になると認めるべきであり、これによってもたらされる県と靖國神社等とのかかわり合いが我が国の社会的・文化的諸条件に照らし相当とされる限度を超えるものであって、憲法二〇条三項の禁止する宗教的活動に当たると解するのが相当である。そうすると、本件支出は、同項の禁止する宗教的活動を行うためにしたものとして、違法というべきである。これと異なる原審の判断は、同項の解釈適用を誤るものというほかはない。

また、靖國神社及び護國神社は憲法八九条にいう宗教上の組織又は団体に当たることが明らかであるところ、以上に判示したところからすると、本件玉串料等を靖國神社又は護國神社に前記のとおり奉納したことによってもたらされる県と靖國神社等とのかかわり合いが我が国の社会的・文化的諸条件に照らし相当とされる限度を超えるものと解されるのであるから、本件支出は、同条の禁止する公金の支出に当たり、違法というべきである。したがって、この点に関する原審の判断も、同条の解釈適用を誤るものといわざるを得ない。[52]」とした。

日本国憲法が政教分離の原則を定めたのは、大日本帝国憲法の下で伊勢神宮と靖国神社を二大支柱とする国家神道（天皇教）が事実上、国教の役割を果たし、国民の信教の自由が奪われたからである。全国四七都道府県のうち、靖国神社へ玉串料を公費で支出しつづけたのは愛媛県のみであったこと、また地方公共団体が特定の宗教団体に玉串料、供物料等の支出をすることについて文部省、自治省等が政教分離原則に照らし慎重な対応を求める趣旨の通達・回答をしてきていたことなどから、愛媛県以外の自治体や政府も、玉串料等の公費支出は違憲と判断していたと考えられる。それに比べて、本件の審理に関わった裁判官二十一名中、五名もが合憲と判断したことは、裁判官と市民の判断にずれのあることを明かしている。

S学園訴訟は、香川県地方労働委員会が出した不当労働行為救済命令に対し、学園がこれを不服とし、裁判所に命令の取り消しを求めて始まった。裁判は、地裁・高裁・最高裁で審理され、最高裁で「ニュース配布」と「担任はずし」の件は組合の主張にそう判決が出て確定したが、私の退職勧奨に関わる案件は、「審理不尽」等の理由で高裁に差し戻された。差し戻し控訴審の高松高裁判決は、退職勧奨を不当労働行為と認めたが、重要な争点で二審（控訴審）と同じ様に、地労委命令・一審判決とは異なる、学園の主張にそう事実認定をし、最高裁でそれが確定されるということがあった。私は、参審制であれば、このような事実認定がなされることはありえない、と確信している。

組合の地労委への救済命令請求申し立てのうち退職強要の件につき、学園は地労委審問の第一回準備書面において、武田を理事長室に呼んだのは認めるが、その理由は「生徒に月給七万円しかもらっていないと虚偽の事実を吹聴していたこと、教室で学園の教育方針に賛成できないと表明していたこと、教室管理が下手で生徒が常に騒いでいたことを注意するため理事長室に呼んだのであって、退職及び組合脱退を強要しようとしたものではない[53]」と申し立てた。地労委は審問の結果、学園の主張を認めず、「被申立人学園は、申立人組合組合員武田博雅に対し組合員である故をもって退職を勧奨することにより、組合の運営に支配介入してはならない[54]」と命令した。

地裁では、理事長は、「武田は、自分は月給七万円しかもらっていないのに、学園は土地の買い占めをしている、などと吹聴した[55]」と、高三―二組の男子生徒A《（実名をあげる）》が娘（教諭）に言ってきた、またその件に関して同じ組の女生徒B《（実名をあげる）》の父親が電話で理事長に学園の経営について抗議してきた、そして中三の男子生徒C《（実名をあげる）》が直接理事長に言ってきたので知り、一九七七年一月二〇日に武田に注意した[56]と、新たな証言を行った。A・Bの生徒は当時高三ではなく、高二の生徒であって、武田は教えに行ってもなかった。生徒Bの父親は、裁判所に、「私は当時子供から先生の不謹慎な言動など聞いたこともなく、理事長に電話したこともありません」と証明書を出してくれた。

また、前記のことを知った時期について理事長は、「五一年度の終りか五二年の一月二〇日よりも前」とか、「一月二〇日に近い時期[57]」と証言し日時を特定できなかった。一九七六年（昭和五一年）一〇月に組合が結成されて、労使が最も緊張していた時期に、理事長本人に保護者と生徒、娘（教諭）に生徒が言ってきたというのであるから記憶にあるか、普通何か「記録」に残されているはずである。しかも、娘婿は学校長の職責にあった。当時、組合は学園の組合員に対する働きかけを逐一、組合に報告させ記録する体制をとっていた。学園も組合や組合員の動向を記録していたと考えるのが常識であろう。

ところで、学園は地労委審問で、疎明資料として学校長作成の「組合違法活動一覧表（ビラ配布はここでは除く）[58]」なるものを出している。これには、「年月日・時間・内容」とあって、例えば組合結成日のこととして、「昭和51年10月2日・夕方・組合員数名が本校内・玄関前に集結」とか、「10月14日 5:30pm・無許可で研修室使用し、集会」などと記されている。これだけ瑣末なことを記録しているのだから、もし武田の非行を知ったなら、それは必ず記録されているはずと、誰でも判断するであろう。

高松地裁判決は、主文「原告《(学園)》の請求をいずれも却下する。[59]」とし、認定した事実として、「（前略）なお、武田が同日《(一月二〇日)》までに、生徒に対し、自己の月給が七万円である旨を述べたり、原告の教育方針に賛成できない旨を表明したというようなことはなく、同日、武田がS理事長から右のような事実について注意されるなどのことも全くなかった。[60]（後略）」とした。

控訴審の高松高裁では、理事長は新たに、「武田は、学生時代に中堅の激しい活動家であるという、報告があった[61]」と証言し、武田の学生運動のことは身上調査機関の報告で知った、またその書類を持っている、と言いながら、その調査結果が出た日時を、「…五六年ですか五五年ですか、初めのほうで出たと思います。五五年の初めごろか五四年の終わりごろか、どっちかだったと思います[62]」・「そしたら年数が違っています。五五年の末か五六年の初めごろに返事が来たと、こう訂正さしてください[63]」などと証言し、結局その日時を特定できなかった。

高松高裁判決は、主文、「一、原判決を取り消す。二、被控訴人が昭和五七年六月二五日付で香労委昭和五三年（不）第一号不当労働行為救済命令申立事件につき控訴人に対してした救済命令（認容部分）を取り消す。[64]」というもので、全ての案件で一審判決を逆転させるものであった。

「退職勧奨の件」についても、学園の主張を全面的に認め、その事実認定のもとに、「（前略）給与が低額であると主張する限度では組合の正当な行為に属するが、武田が自己の給与月額が一一万四五四〇円であるのに七万円であり、控訴人の丸亀校では土地を買い占めたことがないのに職員の給与を低額とする一方その金で土地を買い占めていると述べることは、虚偽の事実を述べて控訴人を誹謗する違法な行為であり、組合の正当な行為であるとはいえない。控訴人が武田に対し、そのことにつき当時弁解の機会を与えないで退職勧奨をしたけれども、その後の香川地労委、原審、当審でその機会が十分与えられているから、現在そのこと自体の違法はない。[65]」とした。そして、控訴人は武田に対し、「組合の正当な行為とはいえない行為を理由として退職勧奨をしたのにすぎず、それらの事実から、控訴人が武田を控訴人職員から排除して組合の運営を支配しこれに介入する意思があったとの事実を推認することはできないからその退職勧奨は法七条三号の不当労働行為に当たるものとはいえない。被控訴人が控訴人に対し、法七条三号の不当労働行為に当たるとして、武田に対し退職勧奨することを禁止した本件救済命令（四）は違法であり、取消を免れない。[66]」と判決した。

「織田が浜埋め立て反対訴訟」・「愛媛玉ぐし料訴訟」・「S学園訴訟」の裁判は、地裁・高裁が三名の合議制で審理され、最高裁では、「愛媛玉ぐし料訴訟が大法廷（十五名の合議制）、他は小法廷（五名の合議制）で審理された。後で気付いたことであるが、この三つの裁判の二審（控訴審）は高松高裁で同じ裁判長のもと、「愛媛玉ぐし料訴訟」の裁判官の一名が途中で交替したほかは同じメンバーで審理された。

「S学園訴訟」は、地方の私立学校の労使紛争に関わる裁判ということからか、マスコミの取材報道も通り一遍で十分とは言えず、裁判の内容は地元県民さえほとんど知ることはなかった。そのことが原因かどうか分らないが、この判決は判決言い渡しの翌日に、「当裁判所が平成三年三年《（ママ）》二九日に言い渡した判決に明白な誤謬があるから、職権で次のとおり決定する。

主文

右判決の一枚目表二行目の『高松地方裁判所（行ウ）第三号』とあるのを『高松地方裁判所昭和五七年（行ウ）第三号』と、三〇枚目表末行目及び三一枚目裏七行目に『徳島地労委』とあるのを、いずれも『香川地労委』と更生する。[67]」という「更生決定」が出されるなど、信じられない程、杜撰なものであった。

最高裁判決は、本件を審理した同じ裁判長に係《か》かる小法廷が前の年に、私達の組合の別件のビラ配布事件を学園の不当労働行為と認定していたこと、判決申し渡しの前に「口頭弁論」が開かれていたことから、高裁判決の破棄が予想された。実際、最高裁判決は高裁判決を破棄し、「本件各懲戒処分関係（ビラ配布）」・「団体交渉拒否関係」・「学級担任の不選任関係（担任はずし）」についてはそれぞれ、「一審判決は正当であるから、被上告人の控訴はこれを棄却すべきである。[68]」と学園の不当労働行為を認めた。

私の「退職勧奨関係」については、「（一）上告人及び上告参加人は、本訴において、S理事長は、上告参加人の組合員である武田に対し、（1）昭和五二年一月二〇日、（2）近藤某を介して同年七月八日、（3）昭和五五年七月一六日、（4）昭和五六年三月一九日の四回にわたって退職勧奨をしたが、これら退職勧奨は、いずれも被上告人の職員から武田を排除して上告参加人の運営を支配しこれに介入しようとするもので、上告参加人に対する不当労働行為に当たる旨の主張をしている。そして記録によれば、前記（1）ないし（4）の退職勧奨につき、第一審における被上告人代表者S本人の供述及び証人武田博雅の証言等、上告人及び上告参加人の主張に副うものが存在し、これに基づいて第一審は、右（1）ないし（4）の退職勧奨が支配介入として不当労働行為に当たるとし、本件救済命令（四）を是として被上告人の本訴請求を排斥したことが記録上明らかである。

しかるに原審は、右の経緯及び証拠の存在にもかかわらず、上告人及び上告参加人主張の（1）ないし（4）の退職勧奨につき何ら判断を示すことなく、これと全く時点を異にする（ア）昭和五三年三月ころ及び（イ）同五五年四月八日の退職勧奨を認定した上、それが不当労働行為意思に基づくものでないとの理由で、本件救済命令（四）を違法とし、被上告人の請求を排斥した第一審判決を取り消すべきものとしたのである。

右は本件救済命令申立て以来の経過を無視して当事者の主張（争点）につき判断を示さないまま被上告人の請求を認容したもので、審理不尽、理由不備、判断遺脱の違法を冒したことが明らかである。

（二）原判決はこの点において破棄を免れず、本件救済命令（四）の点につき改めて審理させるため、本件を原審に差し戻すこととする。[69]」とした。

差戻し控訴審は、実質審理はなく一回で結審し、判決が出た。判決は、最高裁判決と同じく「控訴棄却」であったが、その判決理由は、「本件救済命令に関する事実は、次のとおり付加・訂正・削除する[70]」とし、原判決（一審地裁判決）の「なお、武田が同日までに、生徒に対し、自己の月給が七万円である旨を述べたり、原告の教育方針に賛成できない旨を表明したというようなことはなく、同日、武田がS理事長から右のような事実について注意されるなどのことも全くなかった。[71]」の部分を次のとおり改める、とし、「なお、武田が生徒に対し自己の月給が七万円であると述べたとする件、及び、武田が控訴人の教育方針に賛成できない旨表明したとする件につき、同日、S理事長は武田に対し問責しなかった。[72]」とした。

また、「原判決は五九枚目表四、五行目『月給が七万円である』を『月給が安く七万円である』と改め、同八行目末尾の次に、『もっとも武田の初任給は月額（税込・ベースアップ前）約八万九〇〇〇円であったところ（乙第六号証の六）、武田は、自己の初任給が七万円位と思っていたことがあったので（乙第二号証の四）、このことを生徒の一部に洩らし、それがS理事長の耳に入ったと思われる（本文の推認に反する原審における被控訴人武田本人の供述は採用しない。）』を加える。[73]」としたうえ、

「月給七万円の発言について

武田が生徒に対し、初任給が月七万円で安い旨の不満を述べていたことは、その内容が不正確で誤解を招く上、教育上の配慮にも欠け遺憾であるが、さりとて右発言が勧奨退職に値する非違行為に該当するとは到底解されない。[74]」とした。

このように差し戻し控訴審判決もまた最初の高裁判決と同じように、「武田が月給七万円云々を生徒に話した」と認定してしまった。くりかえすが、学園側は、月給七万円の件は三つのルートで理事長親子に伝えられたと言い、また学生運動の経歴の件は調査機関の報告書で知ったと証言しながら、その日時を特定することが出来なかったにもかかわらず、である。私はこの判決文に接して、高裁で二度までも、六人の裁判官が審理をしても誤判を犯すのかと、あきれてしばらくものが言えなかった。そして、職業裁判官による裁判では、合議制であっても三審制であっても、誤判を犯す可能性が高く、人権を十分守ることは出来ない、と確信したのである。

「裁判官は常識がない」と、よく言われる。常識、コモン・センス（普通の感覚）を持ち合

わせない人間が、世間に通用する判断を下せるはずがない。三つの裁判の控訴審・高松高裁判決は論外として、「織田が浜訴訟」で全長一八〇〇mに及ぶ四国最大の自然海浜の三四ヘクタールを埋立て港を作ることを、「仮に原告らの主張のとおりの理由により違法なものであったとしてもその違法を重大かつ明白なものとすることはできない」とする一審判決、「自然海浜の重要な中央部分に港湾施設等を新設するというようなものでないから…」とする差し戻し控訴審判決。それを「原審の判断は、正当として是認することができ、その過程に所論の違法はない」とした最高裁判決などは、我々市民の常識と余りにもかけ離れている。裁判官は、我々と同じ言葉をもち合わせていないと言うべきであろう。我々国民の代表が国会で制定した法律を、裁判官が法律制定の趣旨と異なる解釈をして判決を下せば、法の支配は名ばかりとなり、人権の保障はおぼつかない。

今、「司法改革」が言われるが、理念のない改革はつまるところ形だけのものになり、改革の名に値しない。司法制度改革審議会の最終報告には改革の理念が見られない。司法改革は民主主義を発展させるものでなくてはならない。

民主主義とは、国民の意思を反映させること。モンテスキューは、「法の精神」で三権分立を唱え、政治を行うのは君主、法律をつくるのは議会、裁判をするのは「国民の代表」としている。参審制は、権力分立、民主主義をよりよく発展させる制度である。民事・刑事全ての裁判の参審制が確立されてはじめて、司法改革と言えるのである。

今は、国民自らが司法制度改革の理念を掲げ、司法・政治の民主化に不可欠な「全裁判の参審制」実現に向けて行動するときである。

（二〇〇二・二・一九）

注

(1) 「読売新聞」一九七七年五月九日付「編集手帳」

(2) 織田が浜を守る会『ああ織田が浜―資料集』平成一二年二月、一九四頁

(3) 同、二〇七頁

(4) 同、二〇頁

(5) 同、二〇頁―二一頁

(6) 同、四二六頁―四二九頁

(7) 同、四三〇頁

(8) 同、四三六頁

(9) 同、四三六頁

(10) 同、四四一頁

(11) 同、四四二頁

(12) 同、四四二頁

(13) 同、四四七頁

(14) 同、四四七頁

(15) 同、四四七頁

(16) 同、四四七頁

(17) 同、四四九頁

(18) 同、四六〇頁
(19) 同、四六三頁
(20) 同、四六三頁—四六四頁
(21) 同、四六六頁
(22) 同、四六七頁
(23) 同、四六八頁
(24) 同、四六八頁
(25) 同、四七七頁
(26) 同、四九六頁—四九八頁
(27) 同、五〇五頁
(28) 同、五〇六頁
(29) 同、五〇七頁
(30) 同、五一二頁
(31) 同、五一三頁
(32) 同、五一六頁
(33) 同、五二一頁
(34) 同、五二二頁

(35) 「朝日新聞」一九八八年一一月三日、第二一面
(36) 前掲『ああ織田が浜』四〇頁参照
(37) 「判例時報・平成元年五月二一日号」判例時報社、三〇頁
(38) 同、三六頁—三七頁
(39) 同、四七頁参照
(40) 同、二八頁参照
(41) 同、四〇頁
(42) 同、四一頁
(43) 同、四二頁
(44) 同、四二頁
(45) 同、四三頁
(46) 同、四四頁
(47) 同、四七頁参照
(48) 愛媛玉ぐし料違憲訴訟団「司法鬼神に屈す—愛媛玉ぐし料訴訟控訴審記録—」、一九九三年八月一五日、三九七頁—三九九頁

(49) 愛媛玉串料違憲訴訟記録集発行委員会『愛媛玉串料違憲訴訟』記録集―最高裁大法廷判決―」、一九九七年七月二〇日、三三九頁

(50) 同、三三九頁

(51) 同、三四〇頁

(52) 同、三四四頁―三四五頁

(53) 香労委昭和五三年（不）第一号不当労働行為救済申立事件、香川県地方労働委員会宛S学園第一回準備書面、昭和五三年八月一〇日、二頁

(54) 同事件、香川県地方労働委員会「命令書」、昭和五七年六月二五日、二頁

(55) 昭和五七年（行ウ）第三号不当労働行為救済命令取消請求事件、高松地方裁判所・昭和五九年六月一二日裁判調書　一〇頁

(56) 同、一一頁―一四頁

(57) 同、一六頁―一七頁

(58) 香労委昭和五三年（不）第一号不当労働行為救済申立事件、「疎乙13号証No.3」

(59) 昭和五七年（行ウ）第三号不当労働行為救済命令取消請求事件・高松地裁判所判決一頁

(60) 同、五六頁

(61) 昭和六二年（行コ）第四号事件・高松高等裁判所・昭和六三年六月九日裁判調書・一七頁・二二頁

(62) 同、昭和六三年九月八日裁判調書六頁

(63) 同、七頁

(64) 昭和六二年（行コ）第四号事件・高松高等裁判所判決二頁

(65) 同、三一頁

(66) 同、三二頁

(67) 昭和六二年（行コ）第四号事件・高松高等裁判所・更生決定

(68) 平成三年（行ツ）第一五五号事件・最高裁判所判決二四頁・二六頁・二九頁

(69) 同、二九頁―三一頁

(70)　平成七年（行コ）第二号不当労働行為救済命令取消請求控訴事件・差戻し審・高松高裁判決四頁
(71)　(60)に同じ
(72)　前掲判決三頁
(73)　同、五頁—六頁
(74)　同、八頁

※　なお、本文中の○○○印は、全て武田が付けたものである。

II

日本近現代史

「世界中の全ての人の人権が守られなくてはならないし、人を何かの手段として利用してはならない」

このことは、自明の公理・道理である。ところが、わが国では法によって、この人としての権利を奪われ、政治的に利用されている人々が存在している。それは、天皇・皇族の人達である。

「正義とは万人に対して彼にぞくするものを得させること」

と規定するローマ法に照らせば、天皇・皇族の基本的人権を奪う、象徴天皇制を定める日本国憲法と皇族制度を定める皇室典範の規定は、正義に外《はず》れている。

アメリカ独立宣言に、

「われわれは自明の真理として、すべての人は平等に造られ、造物主によって、一定の奪いがたい天賦の権利を付与され、そのなかに生命自由および幸福の追求の含まれることを信じる。」

また、フランス人権宣言に、

「人権の不知・忘却または蔑視が公共の不幸と政府の腐敗の諸原因にほかならないことにかんがみて、一の厳粛な宣言の中で、人の譲渡不能かつ神聖な自然権を展示することを決意した」

と宣言されているように、近代民主主義は自然法に由来する自然権として、自由・平等・幸福追求権などの自由権的基本的人権をすべての人に認めた。二十世紀には、社会権的基本的人権として、生存権、労働基本権、教育を受ける権利などが確立した。

自然法思想を根源にする人権保障の考えは、漸次、世界各国に広まった。しかし、人類は二〇世紀前半に二度にわたる世界大戦の惨禍を経験した。一九四五年に成立した国際連合は、世界大戦のいたましい経験を通し、

「人権の無視と軽侮は、野蛮行為を生ぜしめる」と、一九四八年に「世界人権宣言」を採択した。だが、世界人権宣言は人権に関し諸国家が達成すべき共通の基準を示したにすぎず拘束力を持ってなかったので、国連は人権保障の法制化をはかり一九六六年「国際人権規約」を採択した。日本は、一九七九年にこの国際人権規約を批准し、同条約の遵守義務を負っている。

象徴天皇制・皇族制度を定め、天皇・皇族の自由権、参政権、平等権を剝奪する日本国憲法・皇室典範は、国際人権規約の、

「市民的及び政治的権利に関する国際規約（B規約）第2条〔締約国の実施義務〕
①この規約の各締約国は、その領域内にあり、その管理の下にあるすべての個人に対し、人種・皮膚の色・性・言語・宗教・政治的意見・国民的若しくは社会的出身・財産・出生または地位等によるいかなる差別もなしにこの規約において認められる権利を尊重し及び確保する……」
に違反している。象徴天皇制・皇族制度は、天皇・皇族の人権を無視したものであり、国際法に違反する制度であることを、私達ははっきり認識しなければならない。

戦前の天皇・皇族・華族は、特権身分であった。大日本帝国憲法第一章第一条で、天皇は、

「大日本帝国ハ万世一系ノ天皇之ヲ統治ス」

と、また一一条で

「天皇ハ陸海軍ヲ統帥ス」

と定められ、政治・軍事の最高権力者とされていた。また、皇族、華族は貴族院で皇族議員、華族議員となる政治的特権や、経済的特権をもっていた。敗戦後、制定された日本国憲法によって、華族制度は廃止されたが、天皇制・皇族制度は温存された。それは、戦勝国アメリカが、大日本帝国憲法の神権《(絶対)》天皇制から象徴天皇制に変形した形で、日本を効率よく占領支配しようと目論《もくろ》んだからである。アメリカは、天皇と天皇制を日本の占領支配に利用するために、その基礎となる皇族制度を存続させたのである。

象徴天皇制の下の天皇・皇族は、特権身分ではない。政治的・軍事的権能を持たず、また人間誰にでも認められている自由権、参政権などの基本的人権を剥奪された特別な身分とされている。アメリカの日本占領政策の根幹として、日本国憲法に定められた象徴天皇制は、一九五一年にサンフランシスコ平和条約が締結され、翌年アメリカの占領支配が終わった後は、「主権の存する国民の総意」によって継続され、現在に至っている。天皇・皇族のような特別な身分を作り、その身分に属する人々の基本的人権を奪う法を制定することは、国民の総意を

もってしてもなしえない。それは自然法に照らして、「万人に対して彼にぞくするものを得させること」、正義に反するからである。また、天皇や皇族を政治的支配の手段とすること、つまり人を何かの手段として利用することは、倫理的に絶対してはならないことを、カントの言を俟《ま》つまでもなく私達は知っている。象徴天皇制と皇族制度は、個人の尊重を基本とする民主主義とは相容れない。

わが国の歴史を振り返《かえ》ると、天皇と皇族は、天皇の先祖が「大王《おおきみ》」と呼ばれるようになった時代から、常に政治的影響力を持つ集団であった。畿内に生まれたと考えられる「ヤマト王権」の発生地を、天皇陵と治定《ちじょう》された古墳などの発掘・調査・研究を禁じられた日本の歴史学は未《いま》だ確定出来ていない。この「大王」政治集団は、その支配権を日本全土に広げていき、天皇親政、摂関政治、院政などとその政治形態《スタイル》を変えながら、政治力を行使した。武士が支配する鎌倉・室町・江戸時代には、「征夷大将軍」を任命する権威者としての地位を保持した。江戸時代、幕府は初期には朝廷の力を剝《そ》ぐべく、政治的、経済的に締めつけたが、幕府権力が弱体化した幕末には、天皇・朝廷の力を借りることで、幕藩体制の存続を図《はか》った。

幕府が十四代将軍徳川家茂の妻に孝明天皇の異母妹和宮《かずのみや》の降嫁を願い出たのは、その表われである。一方、倒幕を目ざす薩摩・長州藩などの尊王派の中・下級武士のグループも、幕府と同様に、天皇の権威を利用するため、「玉（天皇）をわがほうに抱えることが千載の一事」と画策したが、公武合体論者の孝明天皇は自分達の思い通りにならないとみると、孝明天皇急死事件（倒幕派グループによる毒殺説が強いとされる）を機に、満十四歳の皇太子を天皇として即位させた（一八六七年）。十五代将軍徳川慶喜による大政奉還の際、奉還受諾と同じ日に朝廷から出された薩長両藩主宛の「討幕の密勅」には、倒幕派グループが天皇権威を利用する姿がはっきりと見てとれる。倒幕派グループは同年一二月に王政復古の大号令を発し、公議政体論《こうぎせいたいろん》（将軍を中心とする大名の会議によって政権を維持しようとする慶喜などの考え）をつぶし、小御所《こごしょ》会議で慶喜に辞官納地（官位や領地を朝廷に返還すること）を迫るクーデターを行なう。その後、幕府を挑発し、鳥羽・伏見の戦いに始まり函館戦争で終わる戊辰戦争によって、薩長軍を主力とする軍隊は朝廷軍（官軍）として、賊軍とされた幕府、佐幕諸藩軍を破り、日本全土を征圧する。

この時期に、倒幕派グループは、天皇権威を利用して民衆を支配する政治体制の構築をはかっていく。その政治体制とは、近代の神権天皇制である。中下級の武士が主体をなす倒幕派グループ（後に藩閥官僚となる）が、政治権力を確立し効率的に専制支配をするためには、カリスマ（神の賜物としての超人間な資質・能力）的権威が必要であった。倒幕派グループは明治天皇を取り込み、天皇権威を倒幕に利用するとともに、民衆支配のためにも利用しようとはかったのである。

まず一八六八年四月に、祭政一致の制度を復し神祇官を再興した。次いで五箇条の誓文が、京都御所の紫宸殿《ししんでん》で天皇が公卿・諸侯を率いて天神地祇《てんしんちぎ》（天の神と地の神）に誓うという形で発せられたが、これは天皇が権力の主体であることを国の内外に示すとともに、神権天皇制への第一歩を踏み出すものであった。同じ月に神仏分離令を発し（以後、排仏毀釈運動がおこる）、六月浦上キリシタンを弾圧する。一〇月には天皇即位の大礼をあげ、明治と改元し一世一元制（天皇一代にただ一つの元号を用いる）を定め、一一月には東京に東幸した（翌年、東京に遷都）。また一八六九年には、天皇の先祖（皇祖神）とされる天照大神を祀る伊勢神宮に、それまで天皇の参拝は一度もなかったのだが、明治天皇は歴史上初めて参拝するなどした。だが、しかし、当時の民衆の多くは天皇の名前すら知らなかったので、

「天子様ハ、天照皇太神宮様ノ御子孫ニテ、此世ノ始ヨリ日本ノ主ニマシマシ、神様ノ御位正一ナド国々ニアルモ、ミナ天子様ヨリ御ユルシ被遊候ワケニテ、誠ニ神サマヨリ尊ク、一尺ノ地一人ノ民モ、ミナ天子様ノモノニテ、日本国中ノフボ《（父母）》ニマシマセバ……（奥羽人民告諭・一八六九年）」と民衆の教化を始め、大教（祭政一致の道・惟神《かんながら》の道・神道）宣布運動（一八六九〜一八八四）を進めて神道の国教化・近代神権天皇制の確立をめざしていった。

倒幕派グループは維新後、幕藩体制の残存である藩を解体するため、版籍奉還、廃藩置県を

断行すると同時に、自分達の支配に有効な身分制度は、幕府の定めた士・農・工・商・賤民身分を改訂して皇族・華族・士族・平民とし、存続させた。その際、旧幕藩体制の最上級支配層であった将軍、大名は自分達に取り込んで特権身分の華族とした。平民とされた農・工・商の被支配者層の不満を鎮めるために、賤民身分を新平民と戸籍に記載して差別を実質的に継続させていった。大ざっぱに言えば、一八八四年の華族令で示された華族（維新に功績のあった武士・公家、旧大名）・皇族に、新興の資本家・軍人・官僚の一部からなるグループが、明治維新から第二次世界大戦の敗北までの八十年ほどの間、エリート集団として日本を支配してきたと言えよう。明治初年、その中心にいた大久保利通・西郷隆盛・木戸孝允らは中下級武士身分の出身であり、伊藤博文にいたっては出自は足軽でさえなかった。維新に功績のあった武士・公家達は、新しい身分制度を作って自ら華族となったが、自分らの権力政治実現のために、「万世一系《ばんせいいっけい》（永久に同一の系統が続くこと）」の天皇の権威を利用していくのである。

江戸時代、幕府の思想統制で政治学などの社会科学書の輸入が禁じられていたが、維新後は西欧の政治思想が入るようになり、やがて国民の間から自由民権運動（国会の開設を要求）が高まると、伊藤らを中心とする藩閥専制政治を主導するグループは、国民の「有司専制（藩閥高級官僚による専制政治）」批判を押さえ込まねばならなかった。そのために伊藤が渡欧し、「近代的な政治形態をとりながら藩閥専制政治（『後出の』ベルツは一八八九（明治二二）年六月二五日の日記に「…新聞紙が閣内の不和を公然と書立てていながら本来このような事がらはすべて天皇に発言権があるという点には、一言も触れていないことである。というのは事実閣僚たちが、お互いの間で勝手に大臣の地位を割り当てているからである。しかしこれらの地位は、他面また議会によっても拘束を加えられていない。こんな有様で、閣僚たちは君主からも、政党からも、たいした妨げを受けないから、事実上、この国の主人公である。かれらは、現在よそでは、どこへいっても見られない寡頭政治『少数者が国家権力をにぎって行なう独裁的な政治』を形づくっている。」）を貫徹しうる政治体制」を作り上げる方策を探ることになった。伊藤はベルリン大学のグナイスト、ウィーン大学のシュタインについてプロシア憲法をはじめヨーロッパ諸国の立憲制度を学び、両名から特に君権中心の立憲制を教えられた。伊藤から岩倉具視に宛てた書簡（一八八二年八月一一日付）に、

「博文来欧以来取り調べの廉々《かどかど》は、片紙に尽し兼《かね》候故、申し上げず候処《そうろうところ》……、皇国の基礎を固定し、大権（天皇の統治権）を墜《おと》さざるの大眼目《だいがんもく》は充分相立ち候間、追《お》って御報道申し上ぐべく候。……」

とあるように、伊藤はドイツの憲法に、自分らの求める天皇（実質的には政府）の権限の強い憲法制定の足がかりを得た。

当時のドイツは、イギリスと同じく立憲君主制の政治体制をとっていた。同じ立憲君主制で

あったが、イギリスの場合は「王は君臨すれども統治せず」で、選挙で選ばれた議員で構成される議会に基礎を置く内閣が行政権をもち、一方ドイツは君主権が強く、「外見的（見かけだけの）立憲主義（憲法にもとづいて政治を行なうこと。国民主権・人権保障・権力分立を柱としている）」と呼ばれるものであった。伊藤は、このドイツの立憲君主制を模倣することによって、今まで通りの藩閥専制政治を行なうことが出来ると確信したのである。

帰国した伊藤が中心になって作成した憲法草案を、新設の枢密院で伊藤が初代の議長になって天皇臨席のもと審議し、一八八九年、君主が臣民に与える欽定憲法として大日本帝国憲法が発布された。大日本帝国憲法第一章天皇では、

「第一条　大日本帝国ハ、万世一系ノ天皇之ヲ統治ス

第三条　天皇ハ、神聖ニシテ侵スベカラズ

第四条　天皇ハ、国ノ元首ニシテ、統治権ヲ総攬《そうらん》シ、此ノ憲法ノ条規ニ依《よ》リ之ヲ行フ

第五条　天皇ハ帝国議会ノ協賛ヲ以テ立法権を行フ

第一一条　天皇ハ、陸海軍ヲ統帥《とうすい》ス

また第五章司法では、

第五七条　司法権ハ天皇ノ名ニ於テ法律ニ依リ裁判所之ヲ行フ

などとあるように、天皇は政治上・軍事上の独裁的な権限をもつとされた。ところが、天皇

はイギリス国王のように政治には関わらないとされていたので、この憲法に定められた天皇の強大な権限は、内閣（政府）が握ることになる。東京帝国大学教授で宮内省御用掛であったドイツ人医師ベルツは、その日記（一九〇〇《明治三三》年五月九日付）に、「伊藤（博文）の大胆な放言には自分も驚かされた。半ば有栖川宮《ありすがわのみや》の方を向いて、伊藤のいわく『皇太子に生れるのは、全く不運なことだ。生れるが早いか、至るところで礼式《エチケット》の鎖でしばられ、大きくなれば側近者の吹く笛に踊らされねばならない』と。そういいながら伊藤は、操り人形を糸で踊らせるような身振りを見せたのである」と記してあるが、そのことは旧憲法下、近代天皇制の基本的な政治の姿を映し出している。

天皇の専制的統治権を守るということは、すなわち自分ら藩閥政府の専制権力を守るということになる。憲法で帝国議会は二院制とし、皇室の藩屏《はんぺい》（守りとなるもの）として衆議院と対等の権限をもつ貴族院を設け、その議員は皇族議員、華族議員、勅任議員、多額納税議員など特権階級を代表する者とした。衆議院も直接国税一五円以上納付の満二五歳以上の男子のみが選挙権をもつという制限選挙であった（有産者の男子のみが選挙権をもつことになり、その割合は全国民のわずか一・一パーセント、初期には一一票の得票で議員になる者もいた）。また憲法の規定にない枢密院は、憲法草案の審議を終えた後には天皇の最高諮問機関となり、天皇制の防衛に任じた。

明治維新政府の基本政策は、「富国強兵・殖産興業」というスローガンに表現されているが、産業化を進め、また軍事力を強化して、日本を欧米列強に負けぬ経済的軍事的強国にすることであった。そのために、資源の乏しい日本は資源と、貧しい農民と労働者に依存する国内市場が狭小のため商品の海外市場を確保するため、植民地の獲得に向かった。憲法発布の翌年、一八九〇年に開かれた第一帝国議会において、首相の山県有朋が施政方針演説で、

「予算中ニ就《つ》キマシテ最《もっとも》歳出ノ大部分ヲ占メルモノハ、即《すなわち》陸海軍ノ経費デ御座イマス。……蓋《けだし》国家独立自衛ノ道ニ二途《と》アリ。第一ニ主権線（固有の領土をさす）ヲ守禦《しゅぎょ》スルコト、第二ニハ利益線（主権線の外《そと》にあって日本の政治・経済的安定に必要な地域、勢力範囲をさす。具体的には朝鮮半島）ヲ保護スルコトデアル。」

と表明しているが、その後、日本の政府は第二次世界大戦に敗れるまで、山県の言う利益線確保のために領土獲得の侵略戦争を続けたのであった『この山県の施政方針演説に表明される日本政府の考えは、五〇年後の一九四〇年九月の大本営政府連絡会議（のちの最高戦争指導会議）で決定された「皇国の大東亜新秩序建設のための生存権について」の考えと完全に一致している。この決定では、「日本の生存圏として考慮すべき範囲は、日（日本）満（満州）支（支那=中国）」「旧独（ドイツ）領委任統治諸島、仏（フランス）領インドシナ（ベトナム、ラオス、カンボジア）および同太平洋島嶼、タイ国、英（イギリス）領マレー、英領ボルネオ、蘭

（オランダ）領東インド（インドネシア）、ビルマ、オーストラリア、ニュージーランド、ならびにインド等」としている』。

日本は、日清戦争で台湾を、日露戦争で樺太南半と朝鮮を、第一次世界大戦で旧ドイツ領南洋諸島を、満州事変（事変とは宣戦宣告なしの戦争）で満州を植民地化すると、中国の支配をめざして日中戦争をおこし、大東亜共栄圏の成立をかかげて太平洋戦争に突入するが、昭和天皇が開戦直後の一九四一年一二月二五日に、

「平和克復後は南洋を見たし、日本の領土となる処なれば支障なからむなど仰せありたり」（小倉侍従日記・文芸春秋二〇〇七年四月号一五六頁）と語っているように、日清戦争からアジア太平洋戦争まで日本が戦った戦争は全て領土獲得のための侵略戦争であった。

日清・日露戦争を勝利に導いた軍部が、日露戦争後、政治に大きな影響力を持つようになる。倒幕に活躍した維新の三傑（大久保利通・木戸孝允・西郷隆盛）や公家（三条実美・岩倉具視）、藩で言えば薩摩・長州・土佐・肥前藩出身者が維新後の政治を動かしたように、軍部も日露戦争後、憲法の統帥権独立規定、軍部大臣現役武官制などによって、国政を左右する一大勢力となっていく。

大正デモクラシーなど民衆の民主化運動が高まると、支配層は自分らの専制支配権を守ることに必死となる。財産制限を撤廃した「普通選挙法（一九二五年）」と同時に制定した「治安

維持法」は、国体《こくたい》（天皇主権の国家体制、天皇制）の変革と私有財産制を否認する者を厳しく処罰（一九二八年には最高刑を死刑に引き上げる）するというものであった。支配グループは、ここでは専制支配を継続するために、天皇制を楯《たて》のように前面に突き出している。一四歳で父（孝明天皇）の突然の死を目の当たりにし即位した明治天皇も、皇太子（後《のち》の昭和天皇）が摂政とならざるをえなかった大正天皇も、「ベルツの日記」に記された操《あやつ》り人形のように扱われたに違いない。支配層は、天皇、天皇制を、国民を支配するために巧妙に利用したのである。

天皇主権を定めた大日本帝国憲法の下、実際には天皇の統治権は内閣（政府）が担うことになっていたが、その力は憲法の規定にない元老（伊藤博文・山県有朋・松方正義・井上馨・大山巌・西園寺公望など政界最長老）・枢密院・貴族院・軍部などの制約をうけた。内閣総理大臣（首相）は元老（西園寺死後の一九三五年からは重臣）の推薦する者を天皇が任命するしくみであったが、帝国議会が開かれてから敗戦まで（一八九〇年〜一九四五年）の四〇代の歴代内閣のうち、首相が民選議院の衆議院議員であったのは原敬・浜口雄幸・犬養毅のわずか三名（この三名は、いずれも政治的テロによって命を奪われている）のみで、その外は華族、貴族院議員、枢密院議員、陸・海軍大将が任命されている。（戦後、一九四六年の総選挙で成立した吉田内閣首相の吉田茂は衆議院議員ではなく貴族院議員であった）。

また、わが国の政治は、統帥権独立規定・軍部大臣現役武官制に制約され、本来の政党政治とかけ離れたものであったが、それでも米騒動（一九一八年）の後、本格的な政党内閣とされる原敬内閣が生まれた。その後、一九二四年に第二次護憲運動が起こり、「憲政の常道（衆議院の多数を占めた政党が内閣を組織する）」と呼ばれた政党政治が八年ほど続くが、それも一九三二年の五・一五事件（青年将校・右翼によるクーデター。犬養首相を暗殺）で終わると、あとは強大化した軍部が国政を支配するようになっていく。特に、一九三六年の二・二六事件（皇道派青年将校主導による陸軍のクーデター。政府要人を殺害）以後は軍部の独裁化が進んだ。政党は解党して大政翼賛会となり、労働組合も解散させられ、日本は反民主主義・反社会主義・対外侵略を進める暴力的独裁政治―ファシズムの時代になる。

軍部は、この時期、天皇と天皇制を最大限に利用して、自らの独裁政権維持と国策の遂行をはかっていった。明治維新からの教育勅語（一八九〇年公布）・軍人勅諭（一八八二年公布）、紀元節（一八七二年制定の祝日。「日本書紀」の神武天皇即位日、二月一一日）・天長節（一八六八年制定。天皇誕生日の旧称）の祝典行事など学校・軍隊、社会生活のあらゆる場面で実施してきた教育・教化のその上に、一九三五年政府の「国体明徴声明（美濃部達吉の天皇機関説に対し、日本は万世一系の天皇が統治する国であるという声明）」に始まる国体明徴運動、皇紀二千六百年記念式典（神武天皇即位から二六〇〇年目に当たるとして一九四〇年に挙行された式典・「皇紀」は一八七二年に制定）などを通じて、神権天皇制や超国家主義（ウルトラナショナリズム）の観念を国民に植えつけていった。

資源と商品・資本の輸出先の獲得を目ざす侵略戦争、「奪いつくし・殺しつくし・焼きつくす（三光作戦《さんこう》）」というような戦争を疑うことなく行なわすためには、兵士・国民に日本・日本人が敵国・敵国人にはるかに優れているという観念を植え付けておかねばならなかった（ヒトラーもドイツ民族の優越を宣伝した）。皇国日本・神国日本・現人神《あらひとがみ》天皇・皇軍・神軍・神の国の民―兵士・国民にこのような観念をもたせようと、支配層は天皇・天皇制を利用したのである。

「神の国日本が、世界を一つの家とする（八紘一宇《はっこういちう》）」というような超国家主義と呼ばれる狂信・熱狂があったから、侵略・虐殺・従軍慰安婦制度の実施などが可能になったのである。また日本国民・兵士は、神（天皇）と自分ら人間の隔絶していること、神に対する人間の卑小さを頭に刷《す》り込まれ、自らの全て（人間性・生命）を天皇・国家のために犠牲にするよう強いられた。

裏返して言うと、当時の支配グループの基本的認識は、国民・兵士は「虫ケラ」同然のものという認識であった。それ故に、ファシズム陣営（日独伊三国同盟）のイタリアが連合国に一九四三年九月無条件降伏し、ドイツが一九四五年五月七日に無条件降伏するなか、日本はアジア・太平洋の各地で敗れ続けておびただしい戦死傷者を出し、内地でも空爆、艦砲射撃を受けてこれまたおびただしい戦死傷者を出しながらも、支配者グループは国民・兵士のことなど考えることはなかった。自分達が生き延び、この政権・支配体制をなんとしても守ること、彼ら支配者グループが命懸《いのちが》けで考えることは、このことだけであったから、講和の条件を有利にするため神風の吹くことや特攻《とっこう》などの戦果に望みをかけ、アジア、太平洋の各地で戦争を継続し、沖縄戦を戦い、七月二十六日、日本の無条件降伏を求めるポツダム宣言が発せられても、最高戦争指導会議（戦争指導の根本方針を決定する会議）では「国体（天皇制）護持」のみを降伏の条件とするグループと、「国体護持」に加えて、「軍隊の武装解除は日本側で自主的に行なう」・「戦争犯罪人の処罰も日本側で行なう」・「保障占領は行なわない」などの条件を連合国にのませるべきとするグループの対立が続き、八月六日広島に原爆が投下され、八日ソ連軍が満州に侵攻しても、九日に長崎に原爆が投下されても、降伏することはなかった。

最後に、いわゆる昭和天皇の聖断によって日本政府は、「国体護持」の一条件のみをつけて、八月十四日、連合国にポツダム宣言の受諾を通知した。この間、また戦争の全期間を通して、日本の支配者グループはどれだけ多くの人を殺させ、死なせたのだろうか。十五年戦争（満州事変～敗戦）における日本の植民地支配・侵略によるアジアの犠牲者は二〇〇〇万人を超えるとされており、日本国民の犠牲者は軍人約二五二万人、一般国民六六万人、計三一八万人とされる。これらの数字を前にして、私は立ちすくみ、言葉を失う。人道、国際法に反する侵略戦争で、一人の人間の命を奪うことも許されることではないのに。

倒幕派グループが暗躍して成し遂げた明治維新から一九四五年の第二次世界大戦の敗戦までの明治・大正・昭和の日本、つまり近代天皇制の時代はどのような時代であったかと考えると、私の頭には小林多喜二の小説「一九二八・三・一五」と、渡辺清の「戦艦武蔵の最期」が恐怖と悲惨さがないまぜになって浮かぶ。近代天皇制の時代は、民衆の生命・人権がふみにじられ、破壊された時代であると思う。関東大震災（一九二三年）の際、支配者グループが行ない、また許した朝鮮人・中国人など外国人の虐殺、大杉栄・伊藤野枝・橘守一の虐殺（甘粕事件）、労働組合員らの虐殺（亀戸事件）、一般民衆の虐殺は、戦前の日本社会を映し出す鏡のように思われる。人間も極限状況において、その人の本性がよく現われるように、大震災の発生という極限状況において、日本社会、近代天皇制の本質が露出したのだと思う。日本の近代は、神の国以外の外国人、支配者を批判する者、資本家に反抗する労働者のみならず一般の民衆も全て、その生命、人権など守られる社会、時代ではなかったということである。

敗戦は日本社会が大きく転換する機会であったが、時（時間）が連続するように、社会体制も形を変えたように見えながら、基本的には同じままで続いていった。アジア・太平洋戦争を戦うなかで、天皇と宮中グループ（内大臣など天皇の側近者を中心に形成された集団が、軍部に寄生する形で一つの政治勢力を作り上げていた）が、これに同調するグループの協力を得て、無条件降伏を求める連合国に国体護持という条件だけは呑ませることに成功した。アメリカは、日本占領政策を効率的に実施するために、国体護持を求める日本の支配層と連動して、天皇・天皇制を利用しようとしたのである。

アメリカは、日本を自由主義陣営の一員とすることを基本政策として、日本をファシズム国家から民主的国家にするために、大日本帝国憲法に基づく神権天皇制を解体して天皇が政治的権能をもたない天皇制の創設と、強大な軍事国家を構築していた軍隊の解体を実施していく。新しい政治体制は、「国民主権・基本的人権の尊重・平和主義」を基本原則とする日本国憲法の成立で決まるが、アメリカが採用した象徴天皇制は、憲法の基本原則に矛盾するものとならざるをえなかった。憲法に、「法の下の平等」と規定しながら、生まれながらの皇族身分を定める皇室典範、内閣の助言と承認により行なう天皇の国事行為など、天皇・皇族に自由権・参政権や平等権（皇族は自ら望み皇室会議で許可が出れば皇族の身分を離れることが出来るが、将来の天皇候補である皇太子と皇太孫は皇室離脱条項の適用外だから天皇になる以外の道はない）は認められていない。このことは、日本国憲法の基本原則に反し、国際法である国際人権規約に違反し、近代民主主義の根本をなす自然法に紛れることなく乖離《かいり》している。

アメリカが天皇制を存続させた理由は、一九四六年三月六日、ＧＨＱ（連合国最高司令官総司令部・日本占領のために設けられた連合国軍の最高司令部で、日本政府に指令・勧告を発し

て間接統治を行なった）ボナ・フェラーズ准将が重臣（元首相）の米内光政との会見で語った言葉

「自分は天皇崇拝者ではない。したがって十五年二十年さき日本に天皇制があろうがあるまいが、また天皇個人がどうなっておられようが関心は持たない。しかし連合国の占領について天皇が最善の協力者であることも認めている。現状において占領が継続する間は天皇制も引き続き存続すべきであると思う。……（高橋万亀子『新出史料からみた【昭和天皇独白録】』《政治経済史学・第299号》）」が、よく表わしている。GHQは、天皇の戦争責任を厳しく追求するアメリカ国内、連合国の世論のなかで、天皇制と天皇の温存をはかるため、象徴天皇制を定めた日本国憲法の制定を急いだのである。それは、GHQが、天皇の権威を利用しながら占領統治を行なうのが得策だと、判断したからであった。

戦前、昭和天皇と周辺の宮中グループが、軍部が推進する侵略戦争に協調していくようになったのは、大日本帝国憲法が規定する神権天皇制という政治システムがあったからである。また、昭和天皇がサンフランシスコ講和会議の前に、GHQに平和条約締結後も沖縄の軍事占領を続けるよう申し入れGHQもこの案を採用したことは、後に（一九七九年雑誌世界四月号の進藤榮一「分割された領土」論文発表後）、天皇の政治介入と批判されたが、そもそも日本国憲法の象徴天皇制が無ければ、このような問題は生じなかったのである。

神権天皇制であれ、象徴天皇制であれ、近代に始まり現在に至る天皇制は、常に、その時代の権力支配層が、天皇・皇族を利用するものであった。人を何かの手段として利用することは、人倫に悖《もと》ることである。また国民の名のもとに、特定の人々の基本的人権を剝奪《はくだつ》することは許されない。人間の第一のつとめは、あらゆる人の人権を守り発展させていくことである。天皇・皇族にも、自由、平等、幸福追求権など万人に認められている基本的人権が保障されねばならない。

Ⅲ　民主主義（民主政治）

――ルソーの「直接民主政治（直接民主制）」が真の民主政治――

民主主義（Democracy《デモクラシー》）の語源は、ギリシア語の「Democratia《デモクラチア》」である。デモクラチアは、デモス（demos）（人民・民衆）とクラチア（kratia）（支配・権力）という言葉が合わさって出来ている。古代ギリシア・アテネの民主政治を見てみると、アテネの自由民である成人男子（子ども・女子・奴隷・在留外国人は除外）が民会に参加して都市国家《ポリス》アテネの政策を討議・決定するというものであった。アテネの民主政治で重要なことは、自由民の成人男子「全員」が「直接」民会に参加し、討議（意見調整＝政治）して「意思決定」するという点である。民主主義は、「社会集団（家族・学校・組合・地域社会・国家など）の構成員全員が、直接集会などに参加し、話し合って意思決定をする」ことであると定義づけられる。「民主主義《（政治）》は直接民主制」でのみ成り立つと言える。

現在、世界各国は、その政治制度として間接民主制（代議制・議会制民主主義）を採用している。この制度は、絶対王政を打倒する市民革命によって生み出され、それが多くの国に広まり、現代国家は、いわゆる外見的立憲主義で名ばかりの議会制の国もあるが、憲法でこの制度をとり入れている。それは、市民革命で確立された近代民主政治の原理（国民主権の原理・人権保障の原理・権力分立の原理・法の支配の原理・代議政治の原理）の一つとして広く認められてきたからである。

だが、この市民革命で確立された代議政治の原理は、先に述べた民主主義《（政治）》の定義とは大きく異なり、民主主義《（政治）》とは言いがたい。このように民主主義とは言えない制度が現在も続いているのは、その制度によって利益を得ている人々が、その制度を継続させているからである。全ての政治制度は、その時代の政治権力者（支配層）に有利な制度として設定される。代議制も、時の政治権力者に有利な制度として設定、利用された。市民《ブルジョワ》革命によって絶対王政を打倒したブルジョワジー（富裕な商工業者・地主）は、代議制の下、自ら議員として政治支配を行なった。代議制と言うものの、無産階級（貧しい労働者・農民）や女性は選挙権を奪われた制限選挙制であった。近代民主政治は、国民全員が政治に参加するという民主政治とは程遠いものであった。

それならば、普通選挙制度がとられている現代の（民主国家と呼ばれている国の）民主政治は、民主政治と言えるのだろうか。政治とは、社会集団の構成員が利害・意見を調整し、意思決定することである。普通選挙制が採用された代議制でも、国民が意見を出し直接討議して、政策決定することは基本的にないから、民主政治と言うことは出来ない。

代議制で選ばれる人々（代議士・議員）は、基本的にその国、その時代の支配層の人々である。そのような人々が議会で法律を制定し、自分たちに有利な政策を決めていく。近代以降、現代に至るまで代議制が継続しているのは、支配層が代議制は自分達の政治支配に有利、有効な制度だと認識しているからである。

二〇世紀後半になると、いわゆる自由主義諸国で、議会制民主主義の形骸化が言われるようになった。日本では、一九六〇年の岸自民党内閣による日米安全保障条約改訂強行の後、この言葉が言われるようになった。大事なことは、議会制（代議制）と民主主義は元々結びつかないもので、むしろ乖離《かいり》するものであるということである。民主主義を民主主義たらしめるためには、代議制から直接民主制に改める必要がある。

政治、社会の一番の目標は、人権の保障（尊重）である。基本的人権の一つに参政権がある。参政権には請願権などもあげられるが、代議制の下では選挙権・被選挙権が中心になる。民主主義の定義に照らすと、普通選挙制によって「すべての人が」選挙はするが、「直接集会に参加し、話し合って意思決定する」ということからは外れている。代議制下の国民は、基本的人権である参政権を実質的に捥《も》ぎとられている。多くの国民の参政権を奪っているのは、国民に選挙で選ばれた人々、つまり議員たち（支配層の人々）である。人権（今ここでは参政権）は、万人に対して、自然法に基づく自然権として認められている。「正義とは万人に対して彼に属《ぞく》するものを得させること」と考えると、代議制は一般の国民から参政権を奪うものであるから、不正な制度ということになる。

民主主義は、「人」をどう見るかということと深く関わっている。「デモス（demos）を構成する単位としての人」をどう見るかということである。民主主義は、このデモスを構成する単位としての人を尊重すること（個人の尊重）を原理としている。人間を根源的に考察すると、

「普遍性をもたない・他との共通性をもたない・絶対の個」である人間、「実存（現存在）」に行きつく。絶対の個である人間（実存）は、他者と考え（思想・信条）が異なる。民主主義は、この「実存」を尊重する、つまりその主体性を尊重することにある。この実存に代わって誰かが政治決定すること（代議制）は、民主主義ではありえない。直接民主制を唱えたルソーは、人間を実存主義の立場から見ている。

代議制は多くの人の人権（参政権）を奪うものであり、不正義な制度であると述べたが、現実の世界の政治状況を見てみる。まず個人的な独裁制・集団的独裁制（一党独裁制）、それらが相まじった独裁制、どのようなかたちであっても独裁制は人権を抹殺するものであって、不正な政治体制である。このような国では国民の人権は、その独裁の程度に比例して、破壊されてしまう。

いわゆる西欧型民主主義体制の国々も、代議制をとっていることで、不正義と言わねばならない。まず国民の直接選挙で大統領が選出される大統領制を見てみる。アメリカでは、大統領は実質、国民の直接選挙で選ばれ、行政府を議会から独立して構成し、非常に強大な行政権をもつ。大統領が選挙によって強大な権力をもつということは、国民の基本的人権（参政権）を実質奪うということを意味する。大統領制は、大きな不正をもとに成り立っている制度であることを認識しなければならない。不正な制度から生じる政治は、不正な政治に傾く。

ブッシュ大統領は、二〇〇一年九月十一日、アメリカ同時多発テロ事件が起こると、その報復としてイスラム原理主義のタリバンが支配するアフガニスタンに戦争をしかけた（戦争は現在も続いている）。これはアメリカが主導して制定した国際法、「不戦条約（一九二八）」、「国際連合憲章（一九四五）」に違反するものである（二つの国際法は、国際紛争解決のために戦争に訴えることを非とし、平和的手段によって解決することを定めている）。九・一一事件は、アメリカ同時多発テロ事件と呼ばれているように国際紛争に当たらない刑事犯罪事件であって、アメリカは国際刑事事件として対処すべきものであった。

ブッシュ大統領は、また、対テロ戦争と称して二〇〇三年イラク戦争に打って出た。国際法上、自衛の戦争は認められているので、ブッシュは、「イラクが大量破壊兵器（核兵器・生物、化学兵器などのこと）を所有している。イラクの大量破壊兵器による攻撃から世界を守る（自衛戦争論）。イラクが先に大量破壊兵器で攻撃をしてきたら世界の市民を守ることは出来ないから、イラクが攻撃して来る前に戦争をしかける（先制攻撃論）」という論法で戦争に突入した。米・英が主導するイラク戦争は、その開戦前から、ウェストファリア条約（一六四八年）に違反（独立国家主権尊重の原則に違反）すると批判されていたが、ブッシュは単独行動主義で戦争を始めた。ブッシュが戦争を始めた動機は、「自身の大統領再選とイラクの石油権益などの確保」であったとされる。二〇〇四年九月のアナン国連事務総長の「イラク戦争は、国連憲章に違反する」との声明をまつまでもなく、イラク戦争は違法な戦争であった。イラクに、ありもしない大量破壊兵器が存在すると主張し（後にアメリカも不存在を認める）、国連の武力行使容認も得ないまま（容認が得られていたとしても、不法であることに変わりなし）、イラクに侵攻したことは、イラクの国家主権を侵す侵略戦争と言う他ない。アメリカ軍は二〇一一年一二月に撤退したが、今年（二〇一四年）またアメリカはイラクに軍隊を送り戦争を続けている。イラク戦争によって、イラクの無辜《むこ》の民がどれだけ虐殺されたことか（犠牲者は十万人を超えるとされる）。ブッシュ大統領は、国際刑事裁判所で裁かれる「侵略の罪」と「大量虐殺の罪」を犯したと、私は考えている。（アメリカが超大国でなかったら、また国際刑事裁判所設立条約に加盟していたら、ブッシュ大統領は訴追されていたであろう）

アメリカとイギリス両国民は、後に、イラク戦争を行なったブッシュ政権とブレア政権の戦争責任を厳しく追求している。

大統領制につづいて、議院内閣制を見てみる。議院内閣制は、国民が直接選挙で大統領を選出する大統領制とは違って、国民が選出した国会議員が内閣総理大臣（首相）を指名し（天皇が任命）、首相によって内閣が組織される。首相の権限は、大統領ほどではないが、重要政策の発議権、自衛隊の最高指揮監督権などを有し強大である。代議制によって首相が大きな権力をもつ仕組みの議院内閣制も、国民の人権（参政権）を奪うという点で、不正義である。不正な制度から生じる政治は、不正な政治に傾くと書いたが、議院内閣制のイギリスのブレア政権が、アメリカのイラク戦争に加担したことは、そのよい例である。

代議制は国民の参政権を奪うのに非常に都合のよい制度であることは、何度も述べた。代議制は大多数の国民からすると、政治決定・政策決定から、はじき出される制度である。このことをイラク戦争に関して見てみよう。二〇〇三年二月八、九日に行なった共同通信の全国電話調査の結果は、米国が準備を進めているイラク攻撃（二〇〇三年三月二十日開始）について、「反対が七八・七％に上り、「賛成」の一五・五％を大きく上回っている。イラク攻撃への日本政府の対応については、「支持すべきでない」が四八・五％と半数近くに達し、「支持すべきだ」は二〇・九％である。このような国民世論の状況の下、議院内閣制（代議制）でなく直接民主制であったら（例えば、重要な政策は国民投票で決する仕組みをとっていたら）、日本はアメリカのイラク戦争に間違いなく反対の意思を表明することになっていたはずである。（イギリスの場合、二〇〇三年二月十八日付の英紙ガーディアンが報じた最新の世論調査の結果は、対イラク軍事行動に反対が五二％、賛成は二九％だった）実際は、小泉自民公明連立内閣は国民の意思を無視して、アメリカのイラク戦争を真っ先に支持し、二〇〇四年にはイラク復興支援特別措置法を制定して自衛隊を初めて戦地に派遣した。後に、アメリカ、イギリスではイラク戦争に関して時の政権が厳しく批判されたのに対し、日本では小泉内閣の反省の言葉や、政府に対する批判もきくことはなかった。

「権力は腐敗する。絶対的権力は完全に腐敗する（アクトン）」という言葉があるが、「権力」それ自体が不正なものである。人は基本的人権（参政権）を他者に譲り渡すことは許されない。しかし、現実は制度化した代議制によって、人は生まれながら人権を奪われている。代議制で人の権利を奪い、自己（議員）に権力を集中することは不正である。人（個人・実存）を尊重することと、代議制は根本のところで相容れない。民主主義は直接民主制でなければならないことを知らねばならない。

直接民主制は、人口が多い場合、一堂に会《かい》して話し合うことがむつかしい（不可能である）と言われる。直接民主制の例としては、アメリカの植民地時代の町村会《タウン・ミーティング》、スイスのカントン（州）の住民集会などがあげられる。（スイスは連邦議会を最高機関とする議会統治制をとっている。憲法上、国民発議《イニシアティヴ》と国民投票《レファレンダム》の直接民主制の制度が認められているのも大きな特徴である。有権者は一定数の署名で国レベルの国民投票を要求でき、その投票結果は法的拘束力をもつ。）これらは、住民が集会出来る範囲内にある。ところが日本の国政レベルでは、有権者が一億人を超え、集会することは無理である。しかし、高度情報社会の現在、情報機器を活用することによって、国民が意見の交換・討議をするというようなシステムの構築は可能であると思う。

また、直接民主制にすれば、衆愚《しゅうぐ》政治に堕《だ》するという指摘もある。何度も言うように、直接民主制は人（個人・実存）の人権を尊重する正義の制度であって、正義を実現することが第一に求められなくてはならない。直接民主制にすれば衆愚政治になるというのは、一般大衆を愚かとする考えから来ている。あるがままの、全ての人を尊重すること（平等）が、私達に課せられている。衆愚政治は教育（政治教育）の貧困によってもたらされるもので、いつの時代でも、どこの国でも政治・経済・歴史などの教育向上が求められる。「民主政治は世論（による）政治」と言われるが、これは本来あるべき直接民主制をとれてない代議制の下での、よりよい政治のあり方を表わす言葉である。現実の政治を見ても、先にあげたイラク戦争時のエリート（小泉内閣）の決定と、一般大衆（国民）の判断（世論）を比較すれば、どちらが正しいかよく分かる。国会議員、地方自治体の首長や議員で、「自分は選挙で選ばれたのであるから、自分の考え通り（世論無視）の政治をする」などと言う人がいるが、こういう人は論外の人である。「Two heads are better than one.」と言うことわざがある。日本でも、「三人寄れば文殊《もんじゅ》の知恵」と言う。ことわざは、民衆がその言うところを長いこと認めてきたもので、真実に限りなく近い。意思の決定において、その集団の構成員全員の意見をまとめれば、よりよい（そこでの最善の）意見になると考えられる。

直接民主制の政治体制（システム）をどのように構築するか、自分なりに考えてみる。直接民主制では、まず議員がいない。直接民主制では、国、地方に関わる意見・政策を、国・地方自治体の組織（この組織の構成員は、裁判員のように無作為に選び出す）に集め、国民に公表し、有権者は情報通信システムなどを使って意見を調整・集約する。一つのこと（例えば原子力発電所をどうすべきか）に複数の意見が出て決まらない場合は、国民投票を実施して政策を決定する。重要なこと（現時点で重要なことの例を挙げれば、原子力発電所に関する問題―原発の存続か廃絶か・原発再稼働の是非、特定秘密保護法問題、集団的自衛権の政府容認解釈改憲問題、在日米軍基地問題―沖縄県普天間基地の全面無条件返還か県外移設か県内移設か、この件に直接関係する安倍内閣による辺野古埋立て強行、高江ヘリパッド（オスプレイ用）建設強行問題などは、必ず国民投票によって民意を問い、政策決定する。国民投票にかける案件には、憲法改正、国家予算、法律、大規模開発などの案件があげられる。国民（現在、将来の国民）に深く関わる事がらについては、必ず国民投票にかけて、国民の総意を形成しなくてはならない。

現在、早急に解決されねばならない原子力発電所問題について考えてみたい。原子力発電は他の火力、水力発電などと比べてコストが低い（東京電力福島原子力発電所事故後の政府の試算では、他と同等かそれ以上に上る。米ブルームバーグ・ニュー・エナジーファイナンス【BUEF】は、原発の発電コストは廃炉費用を含まない条件でも一キロ時当たり平均一四セント【約一五円】で、石炭火力の九・一セント、天然ガス火力の八・二セントと比べて割高であると試算している）ことを理由に電力会社が建設を計画した。代議制に基づいて成立した内閣（自民党内閣）は、支援してくれる財界（電力会社などの大企業）の意向に沿う原発推進政策を官僚とともに立案、推進した。政府に任命された委員から成る原子力安全委員会が原子力発電所の安全を保証して安全神話を作り上げ、反発の少ない過疎地の地方自治体の首長、議員に働きかけ議会での建設許可を得て原発は建設されてきた。

ここで原子力発電所の安全性について、「安全神話」を作り上げた学者の考え（判断）と、原子力発電に関する科学的知識に乏しい私の考えを比べてみたい。原発は安全との判断を出した委員個人や所属する大学に電力会社から多額の献金がなされているが、委員は安全性の審査に献金授受の影響はなかったと言っている。そこで、学問的な判断をとり上げる。ウランにしろプルトニウムにしろ放射能は人を殺傷し、遺伝子を傷つける。また放射能が放出するエネルギーは、巨大なものになる。原発のような巨大な装置で、巨大なエネルギー・放射能を発生させることを、人間は制御《コントロール》出来るのかという疑問が起きる。私は、原発を制御することは出来ないと考えている。スリーマイル島原発事故、チェルノブイリ原発事故が起こり、国内でも重大な原子力発電所事故は頻発していたにもかかわらず、学者は、日本の原発に関する技術はアメリカや旧ソ連の技術とは違うと思い込んでいたのだろうと思う。一度原発事故が起これば、放出された放射能は人間を含む自然・生物、その遺伝子を傷つけ、その影響は半永久的につづく。放射能汚染は、原発がある地方だけでなく日本中・世界中に広がる。

　東京電力福島原子力発電所事故は津波によってか、地震そのものによって引き起こされたと考えられている。地震学者は、「日本列島では巨大な大地震や大津波がどこでもまれかもしれないが確実に起こる」と警告している。日本は世界に冠たる地震多発国（世界で発生する地震の約二割が日本周辺で発生している）である。明治以降の地震には、濃尾地震（一八九一）・明治三陸地震（一八九六）・関東大地震（関東大震災・一九二三）・北丹後地震（一九二七）・昭和三陸地震（一九三三）・鳥取地震（一九四三）・東南海地震（一九四四）・三河地震（一九四五）・南海地震（一九四六）・福井地震（一九四八）・十勝沖地震（一九五二）・新潟地震（一九六四）・十勝沖地震（一九六八）・伊豆半島沖地震（一九七四）・伊豆大島近海地震（一九七八）・宮城県沖地震（一九七八）・日本海中部地震（一九八三）・長野県西部地震（一九八四）・北海道南西沖地震（一九九三）・兵庫県南部地震（阪神大震災・一九九五）・新潟中越地震（二〇〇四）・岩手・宮城内陸地震（二〇〇八）・東北地方太平洋沖地震（東日本大震災・二〇一一）など枚挙にいとまがない。現在、日本は再び地震の活動期に入ったと言われており、巨大地震の警戒を怠れない状況にある（近い将来発生するとされる地震は、東海地震、東南海・南海地震、首都圏直下地震がある）。

　一たびどこかで大地震が起これば、北海道から九州鹿児島県まで存在する原子力発電所（五四基の原子炉をもつ）のどれかが、地震による揺れ、山崩れ、地割れ、地盤の陥没などによって原子炉本体を含む原子力発電所の崩壊を起こすことも考えられる（築後年数の経過で建屋のコンクリートや鉄材などの劣化もある）。原子力発電所の事故は、原子炉の停止中でも被害は甚大なものになるであろうが、稼動中であればその被害の惨状は想像するのも恐ろしい。

原発建設（原発本体）にも、安全性を損なう要因がある。かつて、原子炉の格納容器を形成したら変形し、再度鋳直《いなお》した（強度劣化）という内部告発があった。原発製造・設置には、数え切れないほどの部品が必要である。その部品に欠陥があれば、大事故につながる。原発の設計ミス（アメリカ原子力規制委員会【NRC】は、二〇一二年一月米カリフォルニア州のサンオノフレ原発が放射能物質を含む水漏れが起きて緊急停止した事故について、製造元の三菱重工業や電力会社の米サザン・カリフォルニア・エジソン社が設計ミスを事前に把握しながら変更を見送ったことを公表している）、運転ミスもある。私が、安全神話を作り上げた学者に言いたいことは、人間はどういうもの（存在）か深く考えてほしいということである。「人間は、神と異なり、有限、不完全である」ということを、まず第一に認識して、何ごとも考えなくてはならない。不完全な人間が完全なもの（完全に安全なもの）を作り出すことは出来ない。原発が建設・運転されたら、テロ攻撃される危険性、運転ミスのみならず故意による爆破などの危険性も生じる。原発の安全を言い、原発推進・再稼働を主張する人達に言いたい。原発を作るなら辺鄙《へんぴ》な場所ではなく、あなたの住む町（特に首都東京）に作り、原発の中枢部で働いてもらいたい、と。

原発の危険性は、事故だけではない。ウランの採掘・精錬の際の放射能被曝（採鉱・精錬場、その跡地での放射能被曝）、原発の使用済み核燃料による放射能被曝（地下四二〇mの最終処分場に十万年埋める計画があるが、それでも安全とは言えない）などの危険性がある。原発の原子炉内で大量に製造される、プルトニウムを原料として原子爆弾が製造される危険もある（広島に投下された原爆以外の原爆は、全てプルトニウムを原料としている）。

原子力発電所が存在するということは、事故のあるなしに関わらず、地球規模の永久的な放射能被害をもたらすことを知らねばならない。原子力発電所の問題は、現在および未来の人類に関わる問題である。直接民主制では、国民の生命・安全に関わる問題は必ず国民投票にかけねばならない。原発再稼働の問題は、国民投票にかけねばならない大問題である。金のために再稼働を求める電力会社、その要求を受けて原発推進・再稼働を進める安倍自公連立内閣・官僚、安全性審査をする政府任命の学者、地方自治体の首長・議員。このような一部の人々の手によって再稼働を実行することは、不正なことです。

東京電力福島原子力発電所事故の後、東京電力はもちろん、原子力発電を国策として推進してきた自民党などの国会議員や原発立地を受け入れた地元の首長・議員などから、事故の責任に関する発言はほとんどなかった。このことは、代議制で選ばれた自分達がとった原発推進政策は選んだ国民に責任があるのだと、考えているのだと思う。たしかに代議制は憲法上、法律上、合法なものであるが、根本の自然法に照らしてみると（自然法に照らすまでもなく、少し深く考えてみると）、国民の人権（平等権・参政権）を保障する制度ではないことがよく分かる。

環境問題（自然改造にかかる問題）も、国民投票にかけねばならない（自然の改造は、必ず自然破壊につながり一度破壊された自然は永久に元にもどらないので、現在および未来の国民に大きな影響を及ぼす）。現在、急迫する環境問題は、安倍内閣が強行している沖縄県辺野古埋立て問題・高江ヘリパッド建設問題である。

行政による海面埋立て工事に反対する住民が、埋立て中止を求めて裁判所に訴えた裁判に「織田が浜埋立て反対訴訟（一九八四～一九九五）」がある。一九七〇年代初め水俣病など四大公害訴訟で原告の住民が勝訴して、環境権が新しい人権として確立する時期の裁判である。愛媛県今治市の織田が浜は、私が生まれ育った山の村を水源とする頓田川《とんだがわ》川口に広がる、全長一八〇〇m・幅六〇～七〇mに及ぶ四国最大の白砂の自然海浜だった。子供の頃、お別れ遠足で行った時に、どこまでも続く白砂青松の浜・透き通るみどりの海水に息をのんだことを覚えている。前面が瀬戸内海国立公園の織田が浜は、一九七六年、「都市計画法」に基づく都市計画公園の指定を受けていた。織田が浜は、「瀬戸内海環境保全特別措置法（一九七三年臨時措置法→七八年改正で恒久法）」で、「自然海浜保全地区に指定されるべきところだ」と、衆議院環境委員会議で環境庁局長も答弁している。織田が浜が貴重な自然海浜であることは、誰の目にも明らかであった。

この織田が浜を今治市は、三万トン級の大型船岸壁を建設するため埋立てるとした。この埋立ては、面積三四ヘクタール、渚の辺で約六九〇m、沖に五八五m突出するものであった。住民の埋立て中止の請求は、「仮に原告らの主張のとおりの理由により違法なものであったとしても、その違法を重大かつ明白なものとすることはできない」として住民の請求を棄却した一審判決が、最高裁で確定した。

「アメリカでは住民が自治体に開発計画撤回の裁判を起こせば判決まで開発はストップされるのに日本では平気で着工される（世界環境保護連合環境委員会ハーヴィ・シャピローさんの言葉）」の通り、織田が浜埋立て工事は裁判中も行なわれて一九九五年六月六日に完了し、七月十七日に最高裁は住民敗訴の判決を下した。

辺野古埋立て問題と高江ヘリパッド建設問題は、ともに一九九六年の日米両政府による「在沖米軍基地に関する返還の合意」に起因する。この日米合意は、普天間基地の代替として辺野古に移設、北部訓練場の半分の返還の条件を名目として高江にオスプレイ配置用のヘリパッドを建設するというものであった。一九九二年全ての米軍基地を撤去したフィリピンのように、日本も本来は国家主権をかけて、在日米軍基地の返還を実現しなくてはならない。目下《もっか》は、世界一危険な軍事基地とされる普天間基地の即時無条件返還、危険きわまりないオスプレイ用ヘリパッドの高江建設中止を実現しなくてはならない。政府は、何より大切な国民の生命を守る責務があるからである。

辺野古、高江の問題は政治問題としても国民投票を要する問題であるが、純粋な環境問題としても国民投票にかけなくてはならない事がらである。辺野古はジュゴンをはじめ絶滅危惧種二六二種を含む五三〇〇種以上の海洋生物が生息する限りなく貴重な海、高江は地球上ここにしかいないヤンバルクイナ・ノグチゲラなどが生息する生物多様性の宝庫である。ともに世界自然遺産となるにふさわしい環境である。国民が辺野古を知り高江を知って、埋立てやオスプレイパッド建設の是非を問う国民投票をするとしたら、その結果は目に見えている。直接民主制によって、生命・人権が守られ、最大限の正義が実現される。

直接民主制の裁判制度は、民事（行政訴訟を含む）・刑事の裁判全てを　無作為に抽出された国民で構成される裁判所が行なうことになる。現在の内閣が裁判官を任命するやり方は、まず内閣が代議制で構成されることの不正に、内閣による裁判官任命制の不正が重なる制度である。何であれ任命制は、任命権者の利益を守る者が任命されるというのが原則である。

一九五九年三月、東京地裁が「日米安全保障条約による米軍駐留は戦力の保持に該当し違憲、砂川事件は無罪」とする判決（伊達判決）を出すと、岸信介内閣は跳躍上告し、田中耕太郎を長官とする最高裁判所大法廷は同年一二月、一審判決を破棄・差し戻し、有罪が確定した。伊達判決が出ると、マッカーサー駐日アメリカ大使は田中長官と密会し、田中長官は大使に砂川事件を優先審議する方針を伝えている。

また佐藤栄作内閣から歴代内閣は、最高裁判所判事を人権尊重の判事から公益尊重の判事への入れ替えを行なった。その結果、最高裁判所は公務員や公共企業体職員の労働基本権を尊重する判決から、それを否定する判決へと百八十度転換した。全逓《ぜんてい》中郵事件（一九六六年一〇月二八日判決）と、全逓名古屋中郵事件（一九七七年五月四日判決）は、公共企業体職員が同じ様態の争議行為を行なったものであるが、前者は刑事罰が適用されなかったのに対し、後者は刑事罰を科す有罪判決となった。内閣による裁判官任命制の裁判では、特に行政訴訟において、正義にほど遠い判決が多い。

私たちは、普通の人間の判断と比べて学者・専門家の下す判断の方がより正しい（合理的、妥当な）判断であるように思いがちである。しかし、その道のエリートを集めた原子力安全委員会の原子力発電に関する判断、最高裁判所の憲法判断など、その誤りは明白である。多くの普通の人間が真面目に考え、議論して出す判断は、少数の学者・専門家によって下される判断より、はるかに正しい。民主主義の意思決定は多数決原理によってなされるが、民主主義は普通の人、普通の人の数の力を信じることから生まれるとも言える。

全ての人が同じように尊重されなくてはならない。人というのは個々人、他の人とは全く違った主体性を持った実存のことをさす。全ての人が同じよう（平等）に尊重されなくてはならないということは、全ての人の人権が尊重されなくてはならないということである。現在、広く認められている基本的人権には、自由権・平等権、社会権、参政権、請求権などがある。民主主義とは、人々が属するその社会集団の意思を最終的に決定することである。国家であれば、国民主権ということになる。ところが代議制（間接民主制・議会制民主主義）では、選挙で選ばれた人々（国会議員をはじめとした各種議員）や、選ばれた人々に任命された人々によって社会集団の最終意思決定がなされる。これは、一般の人々にぞくする基本的人権である平等権や参政権を無視するもである。代議制では、まず平等権・参政権という基本的人権が損《そこ》なわれ、そこから、自由権、社会権、請求権といった基本的人権も損なわれるようになり、基本的人権の保障は名ばかりになる。

「万人に対して彼にぞくするものを得させること」を正義とすれば、大多数の人々の基本的人権（平等権・参政権）を奪う代議制は、不正義である。近代以降、現在も世界各国ではなはだしく人権が抑圧された状況が続いているが、その最大の原因は、その社会集団に属する全ての人の合議によって形成されるべき意思決定が、いわゆる選ばれた（一部の人々）によって専権的になされているということにある。私たちは誰もが、他と全く異なった人間(実存)である。この実存に、誰かが代わることは出来ない。国政、地方政治だけでなく、さまざまな社会集団における意思決定に、誰かが誰かに代わって決定するということは、不正義になる。今各国に目を向ければ、個人の、あるいは一党の独裁から大統領制、議院内閣制の政治体制まで、代議を基本とする制度の下で人権は圧殺されつづけている。

「イギリスの人民は自由だと思っているが、それは大まちがいだ。彼らが自由なのは、議員を選挙する間だけのことで、議員が選ばれるやいなや、イギリス人民は奴隷となり、無に帰してしまう。（ルソー『社会契約論』）」

今から二百五十年ほど前に、ルソーはその天才でもってイギリスの代議制を批判したが、現代では代議制が民主主義と本質的に乖離《かいり》することは誰の目にも明らかである。

民主主義・国民主権は直接民主制の下でだけ、その本来の意味をもつ。代議制では、民主主義・国民主権は成立しない。代議制から直接民主制へ、この道だけが人権保障確立の道、正義実現への道である。

「陳腐な意見」と「ヤスパースの言う政治論」 ―あとがきにかえて―

一九九〇年一一月二〇日、学校の昼休み、私は生徒に連絡するため放送室（教員の休憩室にもなっていて新聞が数紙置かれてあった）に入った。居合わせた先輩が、「投書出ているよ」と教えてくれた。イラク攻撃（湾岸戦争）に走るアメリカ政府を批判する「武力行使拒否米国に伝えよ（朝日）」（P37）のことである。その時、国語の教員が「陳腐な意見だ」と言われたが、的確な評言だと感心した。「陳腐とは、ありふれていて新しみが無い」ということであるが、やがて、私の意見は多くの人達と同じ（それを代弁したもの）である、そうであるならば共感・支持されるにちがいないという確信をもつようになった。

私の意見は、生命・健康・自由・人権・平和・民主主義を守り発展させようというものである。読む人が、自分の持ち場で力を尽くしてほしいと願って書いてきた。「豪雨災害から命を守る体制を（一九八八・八・一一　朝日）」（P33）の投書から二十余年、この間に何度豪雨災害で尊い生命が奪われたことであろう。国は、防災対策を各自治体まかせにせず、一日も早く確立しなければならない。

「(1)豪雨災害は、日本列島の土壌が雨にもろいため、どこでも起こることを国民に周知徹底する。(2)豪雨災害から人命を守るために、各自治体は安全な避難所を十分確保する（食料・寝具などの整備・備蓄）。(3)豪雨の予報が出たら、早い段階で（二日位前から）、自治体は避難所を開設し、住民に避難を呼びかける。」—政府（国と自治体）は、豪雨災害から国民の生命を守るために、最低これだけのことをする責任がある。

多くの人の命に関わることで、今強く訴えたいことは、3・11津波被災地の復興に関することである。私は、「津波浸水地は無人化し、高台に居住地をつくれ（二〇一一・四・二二）（P64）、「住民の生命を守る復興を（二〇一一・九・九）」（P65）、これらとほぼ同じ内容の投書を全国紙・地方紙に何度も送ったが、掲載されることはなかった。国（政府・官僚）は、津波の被害を防ぐためと10m前後の防潮堤の建設を実施している。被災跡地に常住施設を復旧し、震災前と同じように住民を住まわせようという計画である。三陸地方は、一八九六年の明治三陸津波、昭和三陸津波（一九三三）、チリ津波（一九六〇）、三・一一津波（二〇一一）と、この百余年の間に四度も大津波の被害を受けている。一八九六年と二〇一一年の津波の高さは、それぞれ最高38.2m、39.7m。三・一一津波では海岸線に設置されていた約300㎞の防潮堤のうち、約190㎞（東洋一を誇っていた大防潮堤を含む）が破壊された。そして、津波跡が高さ20ｍを超える津波が、沿岸290㎞以上にわたって襲来して、破壊を免れた堤防を乗り越え、人の居住地帯を襲ったのである。近い将来、必ず起こる大津波に対して、10ｍの防潮堤で津波被害が防げるとは、私にはとても考えられない。度重なる大津波で何万人もの犠牲者を出しながら、なおかつ執行される理屈に合わない復旧工事は停止し、復興計画に国民の総意（良識）を反映させねばならない。

安倍自民・公明連立内閣は、集団的自衛権行使の容認・あらゆる戦争を可能にする戦争法規の整備・原子力発電所の再稼動・辺野古の埋め立てなどの強行に見られるように、好戦的な、国民無視、反民主主義の独裁政権と化している。十七世紀末すでに、ロックは「市民政府二論」で、「人権を守らない政府に、国民は革命を起こす権利がある」と論じている。人は、何でも知っているだけでは駄目で、行動しなくてはならない。

私が二十代に読んだのは（それ以後は主として教えるために読み、やがて他人の著作を読むことはほとんどなくなった）、ルソー、カミュ、オーウェル、ソルジェニイーツイン、アンジェイエフスキーなど東欧の現代作家、樋口一葉、小林多喜二などの著作である。私は、これらの著作を姿勢を正して読んだ――著者が生命をかけて書いたことを知っていたから。ヤスパースは、「ある哲学がいかなる哲学であるかということは、その哲学の政治論のうちに現れている（哲学的自伝）」と言っている。私は自分の実存主義（と言えるかどうか）を、「沈黙」という小説で書いたが、「民主主義」（P160）は私の「政治論」である。世界中で多くの人に、そして永く読んでもらえたらと、願っている。

最後に、資料の提供・事項の調査に力を貸していただいた田中明治さん、織田が浜を守る会、愛媛玉ぐし料違憲訴訟団、四国中央市立三島図書館、愛媛県立図書館、東温市立図書館、そして今回も無理な要望を聞いていただいた創風社出版の大早友章・直美御夫妻に心より御礼申し上げます。

二〇一五・六・一七

武田 博雅（たけた ひろまさ）

1944年　愛媛県越智郡朝倉村（現今治市）に生まれる
1975年　教職につく（香川県の私立学校で中学・高校生に社会を教える）
1999年　小説集『沈黙（「嘘をいわん子」「沈黙」の二作品を収録）』出版
2005年　定年退職
2010年　長編小説『だんだん』（創風社出版）出版

住所　〒799-0422 愛媛県四国中央市中之庄99－3

時々の意見・日本近現代史・民主主義

2015年12月10日発行　定価＊本体1400円＋税
著　者　武田　博雅
発行者　大早　友章
発行所　創風社出版
〒791-8068 愛媛県松山市みどりヶ丘9－8
TEL.089-953-3153 FAX.089-953-3103
振替 01630-7-14660 http://www.soufusha.jp/
印　刷　㈲ミズモト印刷

 ISBN 978-4-86037-223-1